Colección
Aula Abierta

cooperativa editorial
MAGISTERIO

Gallego Badillo, Rómulo

Competencias cognoscitivas : un enfoque epistemológico, pedagógico y didáctico / Rómulo Gallego Badillo. – Santafé de Bogotá:
Cooperativa Editorial Magisterio, 1999.

104 p. s; 24 cm. – (Colección Aula Abierta)

1.Teoría del conocimiento 2. Inteligencia 3. Psicopedagogía 4. Pedagogía I. Tít. II. Serie

121 cd 20 ed.

AGR3314

CEP-Biblioteca Luis-Angel Arango

Competencias Cognoscitivas

*Un enfoque epistemológico,
pedagógico y didáctico*

Rómulo Gallego Badillo

Colección Aula Abierta

COMPETENCIAS COGNOSCITIVAS
Un enfoque epistemológico, pedagógico y didáctico

Autor
©   *RÓMULO GALLEGO BADILLO*

Libro ISBN: 978-958-20-0514-6

Primera edición: 1999
Segunda edición: 2009

©   *COOPERATIVA EDITORIAL MAGISTERIO*
       Diag. 36 Bis *(Parkway La Soeldad)* No. 20-70
       Celualar: (+57) 312 4354489
       Bogotá, D.C. Colombia
       www.magisterio.com.co
       info@magisterio.com.co

Dirección General
ALFREDO AYARZA BASTIDAS

Dirección Editorial
PATRICIA SÁNCHEZ

A
la Universidad
Pedagógica Nacional
… el Alma Mater

Contenido

Presentación

La construcción de competencias, como intencionalidad de los aprendizajes y de las enseñanzas, es una idea que se ha venido introduciendo, poco a poco, en la formulación y praxis de los proyectos curriculares. Su introducción obedece a la necesidad de formular unos indicadores que permitan emitir un juicio consensuado acerca de la calidad de los resultados de los procesos educativos institucionales. Esa necesidad surge del imperativo de dar cuenta a la sociedad de los esfuerzos de inversión que para tal efecto ella hace. Dado que el término se suele asociar erróneamente al de competitividad en el mercado globalizado y, por ende, se le relaciona con la ideología neoliberal, parece existir cierto rechazo a esta homologación. Esa asociación parece proceder del desconocimiento de que el concepto de competencias, tal como se entiende en educación, surgió dentro de la mayoría de las nuevas teorías de la cognición.

Diseñar currículos y formular estrategias pedagógicas y didácticas que tengan como meta la construcción y reconstrucción de competencias por parte de los alumnos es, en la actualidad, una exigencia. Al autor del presente texto le asalta la preocupación de que, sin fórmula de juicio, los educadores, al igual que convirtieron logros en objetivos, procedan en la misma forma con las competencias. Hay que recordar que la educación por objetivos fue una propuesta de claros compromisos epistemológicos con el empiropositivismo, el taylorismo y el fordismo. La educación por logros obedeció a concepciones derivadas de otros fundamentos filosóficos en los que primaba el desarrollo integral del educando.

En el caso de la construcción y reconstrucción de competencias, su planteamiento ha de especificar con precisión desde qué teoría de la cognición se está planteando, la cual, en ningún caso, puede ser la del conductismo operante, ya que N. Chomsky fue quien las retomó para la elaboración de una teoría del lenguaje opuesta a los presupuestos behavioristas. En consecuencia, los objetivos, los logros y las competencias, en estricto rigor conceptual y metodológico, no se refieren a lo mismo, y es esto sobre lo cual los educadores tienen, indispensablemente, que establecer diferencias.

Hay que anotar, de igual modo, que las competencias no pueden ser reducidas al desarrollo de habilidades y destrezas porque si bien al final ellas son incorporadas, el problema de las competencias no se formula en términos de la formación de operarios, de aquellos que se ocupan de las tareas mecánicas, puesto que esas tareas repetitivas están siendo, cada vez más, eficientemente realizadas por *tecnofactos mecatrónicos*. Entonces los procesos pedagógicos y didácticos para la construcción y reconstrucción de competencias han de ocuparse de una educación para lo superior.

En este texto, que es fruto del programa de investigación Representaciones y conceptos científicos, que el autor adelanta en el Departamento de Química de la Universidad Pedagógica Nacional de Santa Fe de Bogotá, con la participación del profesor Royman Pérez Miranda, se sostiene que las competencias no son potencialidades o capacidades genéticamente determinadas que los alumnos pueden desarrollar si se les brinda la oportunidad para hacerlo. Por el contrario, son construcciones de cada quien de conformidad con los retos que se plantea y en relación con la pertenencia a un colectivo determinado. Como construcciones, son susceptibles de reconstrucciones, mas no de desarrollo y perfeccionamiento.

Rómulo Gallego Badillo

1

Las competencias, origen cognoscitivo

En griego *agon* y *agonistes*, significa quien competía y luchaba para ganar en las pruebas olímpicas; esa era su agonía. En el teatro griego, el protagonista es el personaje alrededor del cual gira la acción. Esta referencia da pie para proponer que una educación centrada en la reconstrucción y construcción de competencias no puede tener otro horizonte de sentido que aquel de formar "protagonistas" dentro de una comunidad de saberes.

Cabría entonces la pregunta de si tiene o no sentido reducir competencias al mero entrenamiento para el desarrollo de habilidades y destrezas con el objeto de contar con operarios eficaces y eficientes. Los operarios se dedican a ejecutar las tareas que les han sido asignadas por un jefe o capataz. Si esto es lo que sucede, parecería lógico pensar que ellos no estarían ni cognoscitiva ni prácticamente en condiciones de asumir ningún tipo de protagonismo, expresión ésta que quedaría, incluso, prohibida tanto en el proceso de formación como en el contexto del desempeño del oficio.

Por otro lado, y dentro de este ejercicio etimológico, cabe recordar que competencia viene del latín *competentia*, "disputa o contienda entre dos o más personas sobre alguna cosa". También, según el *Diccionario de la lengua española* significa "oposición o rivalidad entre dos o más que aspiran a obtener una misma cosa". Por otro lado, en el mismo libro se define competente (lat. *competens*) de la siguiente forma: "dícese de la persona a quien compete o incumbe alguna cosa"; "buen conocedor de una técnica, de una disciplina, de un arte", es otra acepción. Como puede apreciarse, competencia y competente se hallan de alguna manera relacionados. Una persona es competente cuando realiza un trabajo específico a satisfacción de quien lo encarga o lo contrata para tal efecto.

Las competencias se ponen de manifiesto en realizaciones específicas y determinadas, por lo que no pueden ser formuladas y analizadas desde ninguna generalidad. Son, en consecuencia, *actuacionales*, es decir, públicas (no hay competencias privadas) por cuanto siempre conducen a la elaboración de algo, desde sí para los otros, que queda sometido al juicio de las personas a quienes está dirigido. Si alguien realiza una obra y no la pone a disposición de los demás, no existen bases ciertas para evaluar las "competencias" puestas en juego en la construcción.

En virtud de que los otros llevan a cabo sus juicios valorativos a partir de sus estructuras de significado, de sus formas de significar y de actuar, entonces las competencias son objeto de interpretación y, por esta razón, su origen puede ser atribuido a la actividad cognoscitiva apropiada: las competencias son cognoscibles. Por lo demás, que los otros se encuentren implicados, hace que las competencias tengan una connotación axiológica, que conlleve una responsabilidad: la ética de las competencias.

Esa responsabilidad alude a que alguien que se reconozca como competente no posee la libertad para elaborar cualquier cosa, de cualquier manera. De ser así, la consecuencia inmediata más probable sería, sin lugar a dudas, que perdiera estimación dentro de la comunidad. En otras palabras, esa elaboración tiene que ser necesariamente rigurosa, pues las competencias han de caracterizarse por una estructuración metodológica sistemática y pulimentada. Es decir, no cualquier actuación puede llevar el sello de ser o desprenderse de unas competencias específicas.

La versión chomskiana

Atribuido el origen de las competencias a la actividad cognoscitiva, hay que recordar que fueron los lingüistas, en su necesidad de construir teorías cognoscitivas opuestas a las behavioristas, quienes retomaron el concepto competencias. Es N. Chomsky (1965) quien hace la redefinición con miras a elaborar una teoría sobre el dominio del lenguaje. Parte Chomsky de una concepción abstracta de la estructura cognoscitiva, la cual, a su vez, supone un concepto igualmente abstracto de competencias que le es consecuente. De esta manera, define competencias como capacidad y disposición para la actuación y la interpretación. Es tal la importancia que dicho concepto concede a actuar, en oposición al mero accionar del conductismo, que sostiene que una distinción entre competencia y actuación es requisito necesario para una investigación seria sobre la conducta, por lo que resultaría contradictorio asimilar competencia a meras habilidades y destrezas. Dentro de tal discusión, Chomsky N. (1985) piensa que, con respecto al conocimiento del lenguaje, podría hablarse de adquisición, conocer y competencias en lugar de aprender, conocer y conocimiento.

Este investigador realiza toda una delimitación teórica, en la que confluyen elementos conceptuales de gran importancia, los cuales no pueden ser pasados por alto. Hay que destacar como él habla de que la conducta humana no puede ser estudiada siguiendo el esquema estímulo-respuesta, sobre todo si está mediada por la interpretación, categoría sobre la cual hay que elaborar todo un discurso en el que se incluya el problema de la intencionalidad. Sin lugar a dudas, tal afirmación o discusión parecería hoy, a finales del siglo XX, anacrónica; no obstante, ha de ponerse sobre la mesa para efecto de mostrar la clase de inscripción de la temática hecha por N. Chomsky.

Chomsky conceptualiza competencias recurriendo a los conceptos de capacidad, de disposición, de actuación y de interpretación. El cuestionamiento a la propuesta chomskiana se hace centrado en la comprensión que subyace en el término capacidad, por las connotaciones genetistas que comporta, en el sentido de potencialidades innatas que sean objeto de desarrollo. La aceptación posible de dicho término implica recurrir a los resultados de las investigaciones neurofisiológicas, bajo el supuesto de que ellas podrían demostrar la validez de tal aceptación; lo cual es más una esperanza que otra cosa.

Bajo la misma connotación, se encuentran alusiones al talento y a la aptitud. En principio, resulta no sólo difícil, sino complicado, fundar una teoría sobre las competencias a partir de los conceptos de "capacidades, talentos y aptitudes". Agréguese que ellos han tenido implicaciones discriminatorias. Quien viene dotado de un talento determinado, tal predeterminación no admitiría disyuntiva: estaría condenado genéticamente a cumplir su programa. Por supuesto, si las competencias fueran capacidades, entonces no obedecerían a construcción y reconstrucción, sino a desarrollos que tendrían como meta un perfeccionamiento, cuyo límite estaría necesariamente acotado en el tiempo, más allá del cual el ser humano no tendría otra posibilidad. Talento y aptitudes pertenecen a esa clase de palabras con las cuales se explica todo y nada a la vez.

El hecho de tener los términos de "capacidades, aptitudes y talentos" como punto de partida para el discurso y las actuaciones pedagógicas y didácticas fuera de lo ya criticado, remite a la constitución de una especie de pereza mental, en la que la justificación de cualesquiera de los resultados de dichas actuaciones estarían explicitados de antemano. El problema no es que tal explicación previa se dé; por el contrario, si el alumno no pudo desarrollar las competencias propuestas, es porque carecía del "talento, de las aptitudes y de las capacidades potenciales requeridas", por lo que se estaría afirmando aquello de que "lo que natura no da, Salamanca no lo presta". De esta forma, no serían los discursos pedagógico y didáctico los responsables, sino la naturaleza, y contra ella no habría nada que hacer.

En cuanto a la disposición y la actuación, se puede afirmar que, con ellas, el concepto de competencias es ligable a los resultados actuales de las investigaciones sobre las actitudes hacia las ciencias, por lo que cualquier teorización acerca de las competencias tendrían indispensablemente que demostrar su carácter *actitudinal*. De esta manera, serían, a su vez, cognoscibles, afectivas, *conativas*, intencionales y *comportamentales* (Furió Mas, C. y Vilches Peña, A., 1997). Conviene reiterar que, desde esta perspectiva teórica, resulta inadmisible reducirlas a "habilidades y destrezas para la ejecución mecánica de tareas". Incluso, sería inaceptable matizar esas habilidades y destrezas con el calificativo de que son intelectuales. Al recurrir a lo cognoscitivo, se precisa de la especificación de los compromisos epistemológicos desde los cuales se están planteando la razón y la naturaleza de la actividad cognoscitiva, lo que significa delimitar desde qué teoría del conocer y del saber se formulan las competencias.

La alusión a habilidades y destrezas intelectuales puede ser algo sólo declarativo, como tantas de esas expresiones con las cuales se quiere abarcar todo y nada en particular. Pero, también, puede tratarse de una fachada con el fin de eludir cualquier debate. En todo caso y si tal declaración fuese admisible, habrá que tomar distancia en relación con las posiciones reduccionistas que siguen algoritmos mecánicos, tanto en el pensar como en el hacer, pues ellas asimilan lo cognoscitivo a un artefacto newtoniano.

En cuanto a lo afectivo, que introduce en el discurso la naturaleza de lo humano, trae a cuento el hecho indiscutible de que optar por la construcción y reconstrucción de unas determinadas competencias es una elección personal en la que interviene el enamoramiento por un saber determinado o una estructura disciplinaria dada y sus formas de producción, y el convencimiento de que involucrarse con él y pertenecer a la comunidad de especialistas que lo sustenta, constituye la razón de ser de cualquier persona en el mundo: lo que Platón llamó "la erótica por el saber".

Ese enamoramiento no se queda en la contemplación de la estructura conceptual del saber, pues esta cualidad de lo actitudinal lleva al compromiso con un trabajo de profundización y, por tanto, con lo metodológico de esa estructura, que no es un agregado, sino que le es inherente. El paso siguiente es el del examen de sus formas de producción, desde el punto de vista histórico, y de las maneras como se produce y se reproduce dicho saber.

La categoría epistemológica de saber es conceptualizada como un sistema de producción que posee unas reglas y procedimientos para hacer factible esa producción. Lo es en razón de que a partir de él se produce más saber, ya sea que se trate de la creación de hechos nuevos que lo apoyan empíricamente o de resultados que aumenten la base de datos para soporte de su confiabilidad y admisibilidad comunitarias. Igualmente, lo es en la medida en que posibilita la fabricación de mercancías. Desde esta perspectiva, todo saber es actuacional y conlleva la construcción de las indispensables competencias requeridas para tal efecto.

Si todo enamoramiento supone un objeto de deseo y es una decisión autónoma en la cual concurren múltiples aspectos de la personalidad, entonces le corresponde soportar todas las decisiones coactivas que lo obligan a perseguir el disfrute del objeto de deseo. Aparece, entonces, la voluntad como una canalización de energías que sólo se satisface en la medida en que aquello que se persigue está siendo conquistado; conquista que requiere la especificación de comportamientos sistemáticos y, en consecuencia, de unas determinadas habilidades y destrezas que hacen lo deseado posible.

El sujeto, desde sí, determina, de manera autónoma, qué habilidades y destrezas ha de desplegar con el fin de penetrar en la interioridad de la estructura conceptual y metodológica; penetración esta que es la garantía de posesión a la cual aspira. La interacción que se establece no es de *externalidad* y, en consecuencia, el saber no es apreciado como una cosa y, con esto, como un producto terminado. Aquí surge ya la categoría de actividad, contraria a la de pasividad del sujeto cognoscente.

Por otro lado, en lo que se refiere a la interpretación, hay que señalar que aquello que es objeto de interpretación no le viene dado per se, por cuanto es una atribución que le confiere el sujeto que interpreta para que sea precisamente eso; por tanto, deviene compromiso e involucración. Esa interpretación la hace desde las estructuras conceptuales, metodológicas, estéticas, actitudinales y axiológicas que ha elaborado y que le permiten ser quien es, alguien que lee desde sí el mundo para ser lo que es: sujeto en ese mundo, quien decide, desde su interpretación, pertenecer a él. Esa lectura es indispensablemente una actividad cognoscitiva, afectiva, conativa y comportamental; dígase que quien interpreta le pone el color de sus afectos.

Se habla en general de la interpretación del mundo, aun cuando también puede ser restringida a los saberes. Estos, y en especial los académicos, son formas del lenguaje o, de otra manera, cada uno de ellos son en sus especificidades, metalenguajes y, por tanto, son espacios del mundo creados o, igualmente, ámbitos de referencia del cual cada metalenguaje da cuenta descriptiva, explicativa y propositivamente. Tal categorización es un punto de partida para intentar romper la relación de externalidad, en el sentido aproximado, por ejemplo, de que nadie se limita al uso de su lengua materna, puesto que piensa, vive y se relaciona vitalmente con los demás mediante ella.

La interpretación es entonces un proceso, y no una acción mecánica dado que el objeto de interpretación es algo más que la estructura que presenta, pues ésta sólo adquiere sentido para el sujeto a partir de los significados, que él construye desde la lectura y que le atribuye para que sea su objeto de interpretación-interpretado; a partir de esa actividad, el objeto le "pertenece" al sujeto en cuanto entra a ser parte de su saber.

Dado que el objeto de interpretación es una construcción del sujeto, su naturaleza varía en la medida en que las estructuras conceptuales, metodológicas, estéticas, actitudinales y axiológicas del sujeto cambian. Si el acto de la interpretación es fruto de la actividad del sujeto cognoscente, entonces ella ha de modificar esas estructuras bajo la condición de que la interpretación sea incorporada a ellas.

Toda interpretación afecta al sujeto-intérprete, haciendo que el objeto lo posea a él, lo penetre, se introduzca en su ser. Tal posesión, que incluso puede llegar a convertirse en una compulsión, hace que ese sujeto regrese y relea el objeto. Dado que lo hace desde otras estructuras cognoscitivas, ese regreso no es un simple volver sobre lo mismo, ya que la mirada es otra y, en consecuencia, el objeto de interpretación es también otro y otras las actitudes, las habilidades y las destrezas.

La actividad cognoscitiva, en la cual el interpretar está involucrado, es una de las formas del actuar humano y precisa de unos escenarios que posibiliten la actuación que una intencionalidad específica requiere. Toda actuación es una representación de algo, desde sí para los demás; este camino conduce a la categoría filosófica correspondiente, no en el sentido kantiano de una representación mental privada, sino en el de S. Toulmin (1972), es decir, de un representar desde sí para los otros, lo que le confiere dimensión comunitaria. En consecuencia, toda actuación deriva de unas representaciones mentales que, transformadas en imágenes, hacen factible el actuar; un actuar sistemático que precisa de unas competencias delimitadas y, por tanto, de unas habilidades y destrezas específicas.

Además, N. Chomsky hace equivalentes, siempre dentro de su teoría cognoscitiva del lenguaje, por un lado, la adquisición y el aprendizaje, y, por el otro, la competencia y el conocimiento. En cuanto al primer término parecería que se mueve dentro del paradigma repeticionista, salvo que adquirir pueda tener la connotación de incorporar a la estructura cognitiva significados construidos idiosincráticamente por el sujeto, en relación con su contexto cultural. Esta alternativa es la que proponen los investigadores para la enseñanza y el aprendizaje que tienen compromisos con las posiciones constructivistas.

Para ellos, quien aprende construye activamente con los demás sus conceptos, categorías y nociones (Ausubel, D.; Novak, J. D. y Hanesian, H., 1983). El sujeto interpreta desde su estructura cognoscitiva, transformando los significados y las formas de significar acordados en su entorno cultural; interpretación que al ser incorporada a dicha estructura, la transforma a su vez, teniéndose entonces un aprendizaje significativo. Desde esta última mirada, habría que examinar el problema de las competencias, o sea, a partir de una aproximación constructivista de la cognición (Pérez Miranda, R. y Gallego Badillo, R., 1994).

La adquisición habría que conceptualizarla en esa relación dialéctica de doble posesión. El aprendizaje es un proceso mediante el cual el sujeto penetra o se introduce en aquello que desea aprender, al mismo tiempo que lo aprendido entra también a tomar posesión del sujeto. Tal actividad consciente no puede ser reducida a un acto meramente mecánico ni puesta en una metáfora que aluda a algo semejante.

En la actualidad, la estructura cognoscitiva no se reduce a lo puramente conceptual (el conceptualismo), sino que se ha hecho más compleja (Furió Mas, C., 1996), por cuanto se ha reconocido como conceptual, metodológica, actitudinal y axiológica (Gallego Badillo, R. y Pérez Miranda, R., 1994) y, yendo más allá, como conceptual, metodológica, estética, actitudinal y axiológica (Gallego Badillo, R. y Pérez Miranda, R., 1999). Desde este punto de vista, el paradigma de la adquisición mecánica resulta, con mayor razón, insostenible. En efecto, el aprendizaje hay que formularlo como transformación compleja de todos estos factores, de manera interrelacionada.

La palabra estructura suele ser comprendida desde lo arquitectónico de las edificaciones; de ahí que se piense en términos de rigidez, y no es así. Recuérdese que dicho vocablo procede del latín, *struere*, que significa construir, de manera que con ese término se alude a un constructo siempre en proceso de reconstrucción. En este sentido, lo conceptual, lo metodológico, lo estético, lo actitudinal y lo axiológico, en cuanto conforman estructuras cognoscitivas, no pueden ser visualizados como si estuviesen soldados o unidos por elementos rígidos. Para entender esta propuesta, hay que introducirse en la teoría de la complejidad.

Haciéndole justicia a N. Chomsky, hay que dejar sentado que él afirmó que el aprendizaje de una lengua materna dada procede por una especie de *autodidaxis*. Nadie se preocupa, de forma sistemática, por enseñar al niño la lengua mediante la cual se comunican, todos los días, los miembros del entorno donde nace e inicia su proceso de pertenencia. Ese auto-aprendizaje proviene de las interacciones comunicativas y globales que el niño va entablando, poco a poco, con su ámbito cultural y social. Este hecho obliga a reconceptualizar el papel de la enseñanza, tal como se ha hecho con el del aprendizaje, tomando distancia de las posiciones behavioristas.

La actuación comunicativa cotidiana es creativa. Todas las personas, casi sin ningún esfuerzo extraordinario, construyen significados y formas de significar en el espacio objeto de conversación. Si se aduce un uso de la lengua, este no obedece a estereotipos. Las personas no recitan textos previamente memorizados, salvo en contextos verticales de mando, como es el caso de la organización militar o de la institución educativa, donde impera el paradigma repeticionista. Las competencias comunicativas no se restringen al uso de fórmulas. Distintas personas emplean diferentes habilidades y destrezas para comunicar, lo mismo, de otra manera y según la situación de comunicación en la cual se encuentren.

Por eso, más que de acción comunicativa, habría que hablar de interacción comunicativa, en la que cada uno de los partícipes se encuentra significando y atribuyendo sentido desde sus estructuras de significados, de significación y de actuación comunicativa. En esa interacción, median las afectividades. Es, por lo tanto, una actividad cognoscitiva en la que, al menos, cada sujeto tiene que involucrarse para que la interacción posea las connotaciones holística que ella concita.

Sobre la segunda equivalencia, competencia-conocimiento, el empleo del último término llama a una discusión seria. Debido a que sustantiva el conocer, volviéndolo un producto, una cosa. En principio, se acepta que el conocer genera información, por lo que podría admitirse la cosificación aludida, dado que la información puede ser transmitida o transferida de un lugar a otro. Pero, de hecho, y como se ha sostenido, toda información es objeto de interpretación y diferentes sujetos con distintas estructuras conceptuales, metodológicas, estéticas, actitudinales y axiológicas construyen disímiles versiones de lo mismo; de ahí, que resulte forzado equiparar competencia e información.

Otro análisis de la equivalencia propuesta podría hacerse desde la perspectiva kantiana. Para este filósofo, todo conocer es una actividad de la razón que se interroga sobre el mundo, y que en ese proceso de interrogarse, elabora unas respuestas que considera adecuadas. La adecuación se convierte también en objeto de reflexión crítica, incluso, de la actividad misma que formuló las preguntas y construyó las respuestas. Es desde dicha actividad, del volver sobre ella, que la razón llega a un acuerdo consigo misma, acuerdo al que Kant llama "saber". Si esta posición es admisible, entonces la equivalencia debería ser entre competencia y saber: saber reflexionar, saber interpretar y saber actuar desde sí para con los demás, en el interior de contextos comunitarios específicos. Subráyese que se han enunciado tres competencias: *saber reflexionar, saber interpretar* y *saber actuar*; algo que resalta el hecho de que las competencias obedecen a procesos cognoscitivos.

La definición que hace N. Chomsky de competencias como capacidades y disposiciones para la interpretación y la actuación, constituye una unidad conceptual y metodológica, alejada de ser un simple listado inconexo de actividades. Algo semejante sucede con las que aquí se proponen: saber reflexionar, saber interpretar y saber actuar sistemáticamente. Además, se reflexiona, interpreta y actúa dentro y a partir de unas estructuras conceptuales, metodológicas, estéticas, actitudinales y axiológicas elaboradas a partir de la actividad representacional del sujeto cognoscente. Representar es la forma superior de la imaginación y de la creatividad y está por encima de las simples imágenes; es más, las imágenes para la actuación sistemática son construcciones que se derivan de las representaciones.

Todo conocer y todo saber se llevan a cabo en y son en sí un lenguaje o, si se quiere, un metalenguaje. De ahí que todo saber pueda ser convertido en información, la cual depende de los contextos hacia los que vaya dirigida, así como de los sujetos que conforman el contexto y de la intencionalidad de quien produce la información.

Tal información, en su especificidad, es descodificada e interpretada por cada uno de esos sujetos; interpretación idiosincrática que al ser incorporada (no mecánicamente) a sus estructuras, pasa a constituirse en saber de cada uno de ellos. Si saber y competencias se hacen equivalentes, sujetos diferentes construyen a partir de lo mismo, competencias distintas. Ser competente en algo no puede ser, de nuevo, el uso y aplicación de una información.

El punto de vista de Gardner

Este autor parece clasificar las competencias en dos categorías contradictorias. En su teoría de las inteligencias múltiples (Gardner, H., 1998a), al precisar lo que entiende por experto, afirma que es aquella persona que alcanza con rapidez un nivel alto de competencia dentro de una especialidad, independientemente de sí los métodos con los y en los que se hace experto son validados o están en experimentación por parte de la respectiva comunidad de especialistas; esto quiere decir que un experto no necesita ser creativo para llevar a cabo de manera eficiente su labor. Dicho de otra forma: cualquier persona puede llegar a ser competente en algo a través de un aprendizaje mecanicista, con lo que las competencias estarían reducidas a las habilidades y destrezas adquiribles mediante un entrenamiento sistemático.

Lo anterior estará en consonancia con lo delimitado por A. Brookling (1997) al afirmar que las competencias son saberes de ejecución que un operario utiliza recurriendo a lo que sabe para realizar eficazmente su tarea, sin reflexionar sobre el porqué o el cómo de lo que realiza; de ahí que se trate de un hacer mecánico. Por este lado es que puede encontrarse la equivalencia entre competencias y uso de un saber para un desempeño eficiente en un contexto determinado.

En un orden análogo de ideas y dentro de la formación de comunicadores sociales, Margarita Kufmann (1995) dice que competencia es igual a conocimientos, normas, valores y estándares de comportamiento, los cuales son transmitidos en una forma sistematizada. Agrega que todos estos conocimientos sirven como base para la competencia comunicativa per se, que será la capacidad de hacer suyos algunos temas y de transmitirlos adecuadamente al público.

En esto de un saber de uso o de la utilización de un saber determinado cualquiera se encuentran dos problemas. El primero tiene que ver con la reducción de las competencias a habilidades y destrezas y con la limitación impuesta a una persona para que se entrene exclusivamente en ellas y se convierta en un empírico experto, a quien le niegan el acceso a los fundamentos conceptuales y metodológicos de los cuales se desprenden tales habilidades. A lo sumo se le suministran las definiciones pertinentes (lo que es así y no puede ser de otra manera), impidiéndosele la oportunidad de conceptualizar.

El segundo problema, que se separa un poco del anterior, tiene que ver, por un lado, con la externalidad frente al saber y, también, con su cosificación, en cuanto lo convierte en un paquete que tiene valor en razón de que puede ser utilizable. Por otro lado, y en este orden de ideas, es una posición teórica que compara lo actuacional del individuo con el caso de las conocidas muñecas rusas (Varela, F., 1990). Si una persona posee varios saberes, con los cuales mantiene una relación de externalidad y son, por tanto, compartimentos estancos, esa persona, frente a la necesidad de resolver un problema, busca en su memoria cuál es el que mejor le sirve; algo para lo cual ha de tomar una decisión. Para esto requiere de otro saber y, de la misma manera, de un proceso de selección, y así hasta el infinito. Cada individuo no independiente es con respecto a sus estructuras conceptuales, metodológicas, estéticas, actitudinales y axiológicas.

Vale la pena recordar la distinción que Aristóteles, en su *Metafísica*, establece para las categorías *episteme, tekhné* y *empiria*. Él sostiene que las dos primeras son propiamente saberes, mientras que la última no es digna de tal calificación. Cuando "El estagirita" establece la diferencia entre *tekhné* y *empiria*, presenta los ejemplos del maestro de obra y del simple pega ladrillos. El primero es un técnico porque sabe del porqué de la obra y puede dar cuenta de ella; mientras que el segundo no tiene acceso a estas razones etiológicas, y es, por tanto, un empírico. Según Aristóteles, el último carece de un saber, por lo que a su desempeño no se le pueden atribuir competencias.

Episteme y *tekhné*, para Aristóteles, son saberes en razón de que pueden ser emseñados o, mejor, porque se trata de experiencias para compartir con los demás. Ese compartir con los otros sólo es factible debido a que tales experiencias son conceptualizables, es decir, están mediadas y se realizan en el interior de estructuras de significados, formas de significar y de actuar sistemáticamente. No ocurre lo mismo con la *empiria*, que es una experiencia individual, siendo la muerte de cada quien el acto empírico supremo: nadie puede dar cuenta de su fallecimiento. El deceso de cada quien le pertenece a él y a nadie más.

Hay que recordar, de la misma manera, que para "El estagirita" se puede ascender de la *empiria* a la *tekhné,* y de ésta a la *episteme,* proceso que ejemplifica el método inductivo; método a partir del cual creó la historia natural. La escolástica reparó sólo en el método deductivo-silogístico. Contra éste, se levantó Francis Bacon, retomando el método inductivo (Bacon, F., 1979), para crear las bases del empirismo. Los behavioristas y los conductistas operantes se afincaron en el inductivismo (empiropositivistas) y, en consonancia, con la administración científica de Taylor y la lógica de la producción en cadena de Ford, se generó la educación por objetivos, racionalizada especialmente por Gagné (Gagné, R.M., 1971).

Una relación entre las competencias entendidas como habilidades y destrezas a desarrollar y las competencias asumidas como uso de saberes se emparenta estrechamente con una educación por objetivos, con lo cual se regresa al conductismo operante. De otra manera, hablar de una educación para el desarrollo de las competencias desde la reducción señalada parece ser la forma disfrazada de volver a imponer el behaviorismo, y con esta imposición, los compromisos epistemológicos con el empiropositivismo que lo sustentan. Dentro de tales compromisos, el lenguaje, por ejemplo, se adquiere por la relación estímulo-respuesta; algo contra lo cual Chomsky se levantó teóricamente.

Las razones anotadas parecen ser suficientes para pensar que la educación del experto, a lo cual hace referencia H. Gardner, no está vertebrada por el desarrollo de las competencias, sino por el de las habilidades y destrezas con miras al desempeño de un trabajo repetitivo y eficiente.

Hacerlas aparecer obedeciendo a una lógica deductiva, conlleva compromisos epistemológicos coherentes con dicha lógica; en el interior de un discurso de tales características, las habilidades y destrezas son consecuencia de la construcción de competencias, dentro de la conceptualización que les atribuye una dimensión actuacional. Como también son cognoscitivas, ese discurso ha de mostrar cómo aparecen desde la construcción de estructuras conceptuales, metodológicas, estéticas, actitudinales y axiológicas, dada la doble dialéctica en que se reflejan al introducirse en un saber, a la vez que se dejan penetrar por éste; lo cual constituye una condición necesaria para afirmar la existencia de una posesión.

Por otro lado, y he aquí la atribución de la falta de claridad señalada, H. Gardner, en el texto citado, al referirse a las competencias que se espera desarrollen los alumnos de secundaria dentro del proyecto Arts-PROPEL, da pie para suponer que se trata de algo diferente a lo que puntualiza sobre las competencias en el caso de los expertos. Si N. Chomsky las retoma en su propuesta cognitiva del lenguaje, H. Gardner lo hace en el interior de su formulación sobre las inteligencias múltiples, reconociendo y tomando distancia en relación con el trabajo de J. Piaget y su Escuela de Ginebra (Gardner, H., 1996). Se tienen, entonces, por una parte, competencias, teoría de la cognición y actitudes y, por la otra, competencias y teoría sobre la inteligencia. Teorizar sobre competencias no sólo comprende especificar desde qué teoría de la cognición se emprende ese esfuerzo, sino que también y de forma coherente, hay que conceptualizar sobre las actitudes y sobre la inteligencia.

En el proyecto educativo Arts-PROPEL (música, artes visuales y escritura creativa), H. Gardner precisa las competencias de la siguiente manera:

- Para la producción (hacer una composición o una interpretación musical, realizar una pintura o un dibujo y escribir imaginativa o creativamente).
- Para la percepción (efectuar distinciones o discriminaciones y pensar de forma artística).
- Para la reflexión (alejarse de las producciones y percepciones propias o de otros artistas para intentar comprender los objetivos, los motivos, las dificultades y los efectos conseguidos).

Nadie podría sostener que las tres competencias anteriores sean, en sí, sólo habilidades y destrezas o un simple saber hacer, ya que, de entrada, surgen interrogantes sobre aquello que se entiende por producción, percepción y reflexión, es decir, es necesario referirlas a un contexto discursivo que tiene connotaciones epistemológicas, sociales, políticas y económicas. Preguntas como qué, para qué, cómo y para quién producir, han de ser formuladas y respondidas. Algo análogo ha de hacerse con percibir y reflexionar.

Por lo demás, son competencias que se proponen para todo un currículo y cada una de las asignaturas del correspondiente plan de estudios, como es de esperarse, no han de perseguir competencias distintas. En los espacios académicos diferentes que el plan crea, producir, percibir y reflexionar conforman las competencias a las cuales han de orientarse todas las actuaciones pedagógicas y didácticas.

Es interesante destacar, además, que dentro de tal proyecto educativo sólo se enlistan tres tipos de competencias, las cuales están relacionadas con las otras. Cuando se propone un número exagerado de ellas, la atención se dispersa y resulta imposible canalizar y sostener esfuerzos pedagógicos y didácticos para llevar a feliz término las intencionalidades curriculares. Algo similar hay que puntualizar con respecto a los alumnos, quienes deben conocer en detalle las competencias que se les propone construyan si se espera de ellos que se comprometan, involucren y participen activamente en el cometido.

Las competencias, en el mismo orden de ideas sobre la dispersión, no pueden ser formuladas como compartimentos estancos, desconectadas las unas de las otras. Si fuera así, se fragmentaría la unidad conceptual y metodológica del saber que sirve de pretexto para la construcción de las competencias específicas. Por otro lado y dados los presupuestos de inter, co y transdisciplinariedad, en todos los demás saberes que se hacen concurrir, en el orden que crean los propósitos curriculares, la desconexión obraría en el mismo sentido.

Además, se fragmentaría la integralidad cognoscitiva del alumno, lo cual podría conducirlo a no saber cómo interpretar y actuar frente a retos a puntuales en el interior del espacio que ese saber delimita. A esos retos deberá responder desde las competencias que ha elaborado y a las cuales ha de acudir de manera creativa. Trabajar pedagógica y didácticamente para la construcción de competencias desconectadas unas de las otras, con la vaga esperanza de que cada estudiante sabrá en un futuro cómo integrarlas, si no es una falacia, es una irresponsabilidad.

Volviendo a las competencias del proyecto Arts-PROPEL, para producir o crear algo se requiere de una clara percepción de lo que se desea producir o crear, los procesos a emplear y definir quiénes son los destinatarios de aquello que se aspira a realizar. Aun cuando al principio los destinatarios tengan perfiles netamente virtuales, tal como este término se entiende hoy dentro de las tecnologías *computacionales*. Aquí se resalta la naturaleza social de los saberes del ser humano: cada vez que el hombre piensa o hace algo, lo lleva a cabo desde sí para los demás, sea cual fuere la intencionalidad recóndita la cual será objeto del análisis ético.

Otro aspecto del problema que merece ser discutido es el de la distinción entre crear y repetir o copiar, en un mundo que protege los derechos de autor. Es indudable que el repetir o copiar no merece el calificativo de ser una producción, ni permite hablar de originalidad, ya que ésta es propia de la creatividad. Al ser humano no se le puede atribuir la originalidad absoluta mediante la cual Dios creó el mundo a partir de la nada. Toda creatividad humana se inserta en el aquí y ahora de un proceso que, desde el punto de vista cultural, social y económico, es histórico.

Es indispensable admitir el apoyo conceptual y metodológico a sus estatutos epistemológicos, a las intencionalidades curriculares que aparecen en el plan de estudio. La naturaleza creativa propia de ese producir hay que encontrarla en la posesión de dicho saber desde la dialéctica.

Percibir, bajo el horizonte de producir o crear, según los criterios expuestos, no puede ser otra cosa que interpretar desde un marco conceptual, metodológico, estético, actitudinal y axiológico (el espacio de saber y de actuar sistemáticos), en el interior del cual se desea producir o crear aquello que desde la percepción se considera que ha de producirse o crearse. Así, toda percepción está mediada teóricamente o, al menos, se lleva a cabo desde suposiciones, creencias, esquemas, modelos, supuestos o conjeturas. Lo que se percibe es necesariamente aquello que el saber poseído (y desde el cual se mira) permite percibir. La percepción es entonces una interpretación de naturaleza constructiva.

Reflexionar –que podría aludir también a comparar, sopesar, revisar y replantear ese marco, al igual que analizar qué es lo que se percibe, cómo se percibe, por qué se percibe de una manera y no de otra–, es una actividad cognoscitiva presente en las anteriores. Ella vertebra la producción en la perspectiva de la creación, de elaborar algo nuevo. En este sentido, un producir guiado por la reflexión toma distancia de la dimensión fábrica y, en consecuencia, de cualquier taylorismo y fordismo. La reflexión es un arreglarse de la razón consigo misma y deviene, por lo tanto, saber.

Esa transformación es más dable cuando hay que dar cuenta a los otros de aquello que se percibe y desde dónde se percibe; en especial, porque la percepción atribuye significado y sentido al objeto. El objeto, según la presente disquisición, no es una cosa, pero en caso de que así fuera, es la percepción mediada teóricamente la que convierte una cosa en un objeto de saber, es decir, en un constructo de naturaleza conceptual y metodológica. Esta cosificación ha de ser entendida en términos de elaboración de una imagen del objeto como representación; imagen que lo instrumentaliza para hacerlo ámbito de intervención y dominio. Por esta vía, la percepción, en términos aristotélicos no es una experiencia privatísima y puede, por lo tanto, ser compartida con los demás miembros del colectivo.

Cualquier crítica desprevenida podría refutar estas consideraciones, aduciendo que, en el caso del arte, tales competencias son válidas y a la creencia ingenua de que la creatividad sólo es admisible en los diferentes campos en que los artistas se realizan; que el saber que ellos elaboran carece de reglas; que es una actividad caprichosa y puramente emocional. Creen, igualmente, que, por el contrario, en casos como el de las ciencias experimentales y las tecnologías, por ejemplo, regidas por la racionalidad pura y la observación metódica, esos puntos de vista no tienen cabida. Suponen que los científicos y los tecnólogos están sometidos, sin remedio, a la objetividad que la estructura del mundo les impone, lo cual no es estrictamente cierto.

Sin lugar a dudas y así sea ingenua, se trata de la versión empiropositivista de la lógica inductivista y de la del descubrimiento, según la cual no hay nada en el entendimiento que antes no haya pasado por los sentidos. Es aquella que no admite que el trabajo de los científicos es crear teorías (Popper, K., 1962) o paradigmas (Kuhn, T.S., 1972) o programas de investigación (Lakatos, I., 1983); epistemólogos que han demostrado que las ciencias y las tecnologías (Gallego Badillo, R., 1996) no se han construido siguiendo la lógica inductivista; demostración fundada en el análisis histórico documentado de cómo se han desarrollado estos saberes fuera del paradigma de la continuidad acumulativa.

Volviendo a las competencias del proyecto Arts-PROPEL, destaquemos cómo para cada una de ellas se especifican unos pocos indicadores; algo que parece ser consistente con la acotación numérica y la necesidad de evitar dispersiones. Esa delimitación habla en favor de un principio de seriedad y de la convicción de que se está frente a un compromiso del cual ha de darse cuenta social, política y económicamente, es decir, pone en evidencia una responsabilidad por parte de quienes han propuesto el proyecto educativo y lo llevan a cabo.

Veamos cómo se delimitan los indicadores para cada competencia en el ejemplo mencionado: "Producir: componer e interpretar una pieza musical; escribir imaginativa o creativamente". No comprenden los indicadores ni repetir ni copiar, así como tampoco incluye aprender de memoria. De ser admisible la propuesta, pregunto qué sería ese producir en las ciencias experimentales, en las tecnologías, en las matemáticas y así sucesivamente en otras áreas curriculares. Claro que podría aducirse que se trata de un proyecto educativo para muchachos y muchachas estadounidenses, el cual no sería válido para otros países.

"Percibir: efectuar distinciones o discriminaciones; pensar artísticamente". Ese pensar artísticamente parece ser la condición indispensable para producir arte de manera competitiva y mediado por la creatividad. Trasladando tal competencia a otras áreas del plan de estudio, ¿qué significaría pensar científica, matemática y tecnológicamente? ¿Por qué y para qué ha de pensarse científicamente, tecnológica y matemáticamente? ¿Para ser el operario al cual se refiere A. Brookling? Indudablemente que no.

"Reflexionar: alejarse de las propias producciones o percepciones e intentar comprender las metas, las intencionalidades, las dificultades y los resultados obtenidos". Aquí es la razón poniéndose de acuerdo consigo misma, con miras a convertir los frutos de la actividad cognoscitiva en saber y poder así dar cuenta de lo elaborado. Es un examinar el propio pensamiento artístico, científico, tecnológico y matemático. No hay aquí cabida para reduccionismos mecanicistas.

Podría afirmarse que el ejercicio de formular competencias no obedece al cumplimiento de un mandato burocrático, propio de operarios, o a cuestiones estrictamente retóricas que demanden ese cumplimiento. Formular competencias y precisar indicadores sólo es pensable y realizable por quienes se mueven en el interior de la cultura del proyecto, es decir, por aquellos que se comprometen con la misma, desde sí, y con los demás. Son las personas que trabajan convencidas de que sólo hacen una propuesta, fundada en conjeturas y suposiciones, la cual ha de ser sometida a contrastación rigurosa.

Ya que se han tomado como objeto de análisis las competencias del proyecto Arts-PROPEL, con el propósito de demostrar que no son equivalentes a las habilidades y las destrezas, se procede ahora a enlistar las evidencias, las habilidades y las destrezas que con fines evaluativos describe el libro de H. Gardner. Este listado respeta, hasta donde es indispensable, lo textual. La intencionalidad va más allá de la simple copia.

En la competencia para producir, bajo el imperativo de pensar en el contexto de la especialidad, la evaluación descansa en el trabajo mismo de los estudiantes. La destreza alcanzada se evalúa por el dominio de las técnicas y principios básicos de la especialidad: la evaluación indaga si ellos investigan el problema en profundidad a partir de las revisiones que hacen como producto de su reflexión. Los alumnos resuelven los problemas de forma creativa, plantean sus propios problemas e intentan resolverlos. Expresan sus propias ideas y sentimientos en su trabajo.

Resultaría absurdo destacar, de manera aislada, el dominio de las técnicas y principios básicos de la especialidad dentro del contexto del proyecto objeto de análisis; sobre todo si ese dominio queda reducido a la repetición mecánica de ambos aspectos; de ser así, todo lo dicho sobre la competencia para producir resultaría contradictorio. No tendría sentido eso de formular y resolver problemas propios de manera creativa. Ese dominio tiene que proceder por construcción y reconstrucción. Es el estudiante comprometido e involucrado con y en lo que quiere ser.

En cuanto a la reflexión, parte del trabajo mismo del estudiante. La habilidad se plantea en términos de que sea capaz de evaluar su propio trabajo, de articular y defender los aspectos positivos y negativos del mismo; él evalúa el trabajo de los demás; es sensible a los estándares de un trabajo de calidad en la especialidad; sabe utilizar las críticas y las sugerencias; él sabe usar las producciones de otros artistas como fuente de ideas e inspiración; él se percibe a sí mismo como un artista.

La habilidad para evaluar su propio trabajo es una evaluación que realiza desde el saber objeto de construcción y reconstrucción; mediante ella reinterpreta lo producido y lo transforma para que se ajuste a los estándares e, incluso, los supere en términos de la calidad esperada. Es el alumno quien se percibe como especialista, y de acuerdo con la seriedad y la rigurosidad concomitantes, se cree en condiciones de evaluar a los otros. Para reiterarlo, no se ve aquí, por ninguna parte, al operario o al empírico.

No se requiere continuar con la otra competencia para destacar que las habilidades y destrezas que se han de poner en juego para desarrollar las competencias del proyecto en cuestión; si es que se admite lo de desarrollar, no se remiten a la evaluación de sí sabe o no leer una partitura, de si es capaz o no de manejar virtuosamente un instrumento musical, de si puede o no afinarlo, y así sucesivamente. En el campo de la formación para la producción e interpretación musical, por ejemplo, son tan obvias que se dan por supuestas y no merecen discusión alguna. Se trata de formar un productor de arte, y no simplemente de alguien que solamente sirva como repetidor de obras ajenas.

En otros campos de la cultura, como es el caso de las ciencias experimentales y las tecnologías, el problema de la construcción de competencias no puede ser reducido ingenuamente a habilidades y destrezas para efectuar mediciones y usar instrumentos de medición dentro de la praxis de los conceptos de precisión y exactitud; de ser así, se estaría dentro de la limitación de entrenar operarios, y no de la formación de productores y creadores de saberes científicos y tecnológicos.

Nótese que después de formuladas las competencias y los indicadores, se especifican unas habilidades y destrezas de otro tipo, con propósitos evaluativos. En el mismo esquema teórico-metodológico, desarrollar un manejo virtuoso de los instrumentos, si bien está dentro de los presupuestos, es un problema de cada alumno; algo para lo cual el proyecto ha de disponer de condiciones y recursos, amén de las tutorías que se requieran.

Las actitudes
y la inteligencia

El análisis de las propuestas chomskiana y gardneriana exige la revisión de algunas concepciones sobre las actitudes, así como, también, sobre los puntos de vista actuales en torno a las ideas de aquello que se entiende por inteligencia. Dado que se ha tomado partido del lado de la epistemología deductivista-constructivista (no radical ni trivial), lo mismo se hace en relación con la teoría de los sistemas no lineales y complejos. De ahí que sea necesario dedicar una páginas para presentar a los lectores esta teoría.

No resulta serio emprender una crítica contra el reduccionismo mecanicista, a la manera puramente contestaría, sin explicitar una posición teórica sustituta. Esa posición es la que suministra la teoría de los sistemas dinámicos no lineales y complejos, la cual posibilita establecer compromiso epistemológico con el deductivismo-constructivista. El desarrollo del discurso permitirá tomar distancia del concepto de sistema e ir introduciendo, de forma paulatina, el de organización.

Los sistemas dinámicos no lineales

La historia de los sistemas dinámicos no lineales (teoría del caos) se remonta al estudio de las interacciones gravitacionales mutuas entre el Sol, la Tierra y la Luna, conocido como el problema de los tres cuerpos, cuyo análisis físico-matemático era de gran complejidad. Hace más de un siglo, el rey de Suecia de ese entonces ofreció un premio para el científico que probara que era factible encontrar una solución nueva y admisible a dicho problema, puesto que las respuestas que se daban a partir de la dinámica de Newton no resultaban satisfactorias. En 1880, Henri Poincaré, fisicomatemático francés, publicó un trabajo en el que demostró la imposibilidad de hallar la solución empleando las ecuaciones lineales de la teoría newtoniana, y también enunció la necesidad de elaborar una nueva matemática (la de las ecuaciones diferenciales no lineales) y una nueva ciencia para describir y explicar la dinámica de los sistemas complejos. De tal conclusión nació la ciencia del caos (Hayles, N.K., 1993).

En particular, Poincaré concluyó que la mayoría de estos sistemas dinámicos no muestran una regularidad discernible ni siguen esquemas repetitivos. Si esto era así, entonces la relación de causalidad quedaba en entredicho, puesto que sólo los sistemas mecánicos simples (lineales) siguen regularidades discernibles y esquemas repetitivos, tal como sucede con un reloj libre de cualquier fricción. Son ellos los que conservan la simetría temporal, dado que no establecen una distinción entre pasado, presente y futuro. En los sistemas mecánicos simples, cualquier futuro está contenido en el pasado, por lo que es posible hacer predicciones de cuál será su comportamiento luego de transcurrido cierto tiempo, y esas predicciones cumplirse.

Si no es así, si un sistema no muestra una regularidad discernible ni sigue un esquema repetitivo, entonces no se puede asegurar que todo su comportamiento futuro esté contenido en su estado actual, ya que mucho de lo que será queda abierto a los resultados de su propia dinámica. De esta manera, rompen la simetría temporal, es decir, establecen una distinción entre pasado, presente y futuro: lo más probable es que las predicciones que se hagan al respecto no se cumplan. En los sistemas dinámicos no lineales una causa de baja magnitud puede producir un efecto sorprendente y una causa de gran magnitud no generar el efecto esperado. En esto consiste parte del comportamiento no lineal.

Además, cualquier comportamiento de estos sistemas, por sencillo que parezca, depende de las variaciones de sus condiciones iniciales por lo que el resultado final de su dinámica no puede ser determinado de antemano. Aun cuando se conozca todo el pasado de los mismos, hasta en sus más mínimos detalles, queda para ellos muchísimo futuro abierto que no puede ser anticipado (Gutzwiller, M.C., 1992). Fenómenos lineales como los eclipses pueden ser previstos con muchos años de antelación. La predicción para los otros fenómenos no es tan sencilla, por ejemplo el clima, el flujo de un río y otros semejantes. Estos últimos tienen aspectos impredecibles dado su comportamiento complejo.

La dependencia de las condiciones iniciales exige una explicación general. Puesto que los sistemas dinámicos no lineales rompen la simetría temporal, esta ruptura se traduce en el hecho de que cambian y evolucionan: lo que son hoy, es diferente de lo que fueron ayer y mañana serán distintos de su actualidad. Cada estado, en los términos explicitados, incide en la estructuración del siguiente (Briggs, J., y Peat, F.D., 1992). Cada estado final se convierte en un nuevo punto de partida para el proceso que producirá la nueva estructura. No son reversibles, no vuelven atrás. Su pasado es inmodificable.

El concepto de interacción

En las páginas precedentes se ha hecho alusión al concepto de interacción, el cual es clave para una mejor comprensión de la dinámica no lineal y la estructura de la complejidad. Como se recordará, al enunciar el problema de los tres cuerpos, se partió de las interacciones gravitacionales mutuas entre el Sol, la Tierra y la Luna. Puesto que obedecen a una dinámica no lineal, las interacciones no pueden ser visualizadas como relaciones fijas e inmodificables entre los componentes del sistema. Las interacciones fluctúan, no son invariables; los componentes no interactúan siempre de la misma manera. Esas fluctuaciones introducen perturbaciones en la estructura interna del sistema.

Hay que entender que ningún sistema es aislado, aun cuando en teoría se pueda construir tal idealización. Todo sistema interactúa con un entorno, el cual, a su vez, es también un sistema cuyos componentes interactúan igualmente y, de la misma manera, esas interacciones fluctúan (Morín, E., 1986). Si una perturbación dada se magnifica y domina todo el sistema, este entra en un nuevo régimen de funcionamiento: cambia, se transforma. Pero puede ocurrir que la fluctuación sea amortiguada o disipada (en términos energéticos), caso en el cual el sistema continúa en su estado estacionario de no equilibrio. La amortiguación o disipación depende del tamaño del sistema (Prigogine, I. e Stengers, I., 1990) y de las interacciones fluctuantes que establece con el sistema que conforma su entorno.

Un estado estacionario de no equilibrio es algo totalmente diferente de un estado de equilibrio. En éste, hay fuerzas (acción-reacción) que se contraponen y se anulan. Un estado de equilibrio, por dinámico que se quiera, obedece a una dinámica lineal y, por tanto, muestra una regularidad discernible y sigue esquemas repetitivos. El concepto de estado estacionario de no equilibrio es una alternativa teórica emergente para comprender las razones por las cuales los sistemas que evolucionan, dentro de un determinado tiempo, se mantienen en su régimen general y macro de funcionamiento.

Cuando la magnificación de una perturbación se produce y la estructura del sistema cambia, establece otro tipo de interacciones fluctuantes internas y externas con su entorno. Este hecho puede generar perturbaciones en las interacciones de los componentes de ese entorno o contribuir a magnificar cualesquiera de las perturbaciones que en él se están dando, haciendo que éste se transforme; algo que, igualmente, depende del tamaño del entorno. Lo recíproco es también admisible, las transformaciones del entorno, en el mismo orden de ideas, pueden producir cambios en el sistema creando en él un nuevo régimen de funcionamiento.

La teoría de los sistemas dinámicos no lineales ha permitido postular que son las interacciones fluctuantes particulares las que dan origen o crean la estructura específica de cada sistema complejo, su propia organización (Allen, P.M., Engelen, G. y Songher, M., 1996). Desde esta perspectiva, cada sistema es autopoyético, produce la estructura que requiere el régimen de funcionamiento en el que se encuentra y la cual es necesaria para interactuar con su entorno, con miras a ser lo que es en relación con el entorno del cual es parte integral. Aquí hay un problema dialéctico: cada sistema lo es en sí, pero lo es en relación con su entorno.

Las consecuencias de esta nueva mirada son sorprendentes. Si se examina el interior de cada sistema, se encuentra que sus componentes no poseen estructuras permanentes e inmodificables, sino que estas dependen de las interacciones fluctuantes con los demás elementos del sistema que conforman, los cuales, por este hecho, constituyen el entorno interno de cada uno de ellos. A su vez, y por contradictorio que parezca, esa estructura y esas propiedades de lo que es cada componente, en sí, están en relación, son su posibilidad de ser, de interactuar y de hacer parte integral del sistema mismo, por fuera del cual serían de otra manera o, sencillamente, no serían.

Hay aquí un doble juego. Se es y se decide ser desde sí, pero no se puede ser sino en relación con los otros con los cuales se interactúa; con las interacciones que crean la pertenencia y que hablan a favor de que nada puede ser ni existir de manera aislada. En ese ser con los otros, cada componente es autopoyético, produce su propia estructuración o aquella que se exige a sí mismo para conformar el sistema dentro del cual adquiere su condición de ser.

Pero, a su vez, cada componente es un sistema porque hace constituir ese sistema que, al mismo tiempo, le da constitución. Pero este ser no se reduce a esa pertenencia únicamente. Se manifesta mediante ciertas propiedades mientras el sistema se encuentre en el estado estacionario de no equilibrio que esas interacciones con el entorno coadyuvan. Si el cambio se produce, por magnificación de cualesquiera de las perturbaciones, la estructura de cada uno de los componentes y sus propiedades, así como las del sistema, se transformarán y serán diferentes, con miras a encajar en el nuevo régimen de funcionamiento que la totalidad produce.

Acéptese, siguiendo el análisis anterior, que cada sistema se está transformando según la dinámica de las magnificaciones–amortiguaciones (disipaciones). La dinámica determina el tiempo de las transiciones entre un estado estacionario y el siguiente. Tal conclusión lleva a pensar que la estabilidad es tan sólo momentánea, en su propio tiempo. Todo está cambiando, todo está siendo. De ahí que la ontología de Parménides sólo sea aceptable para esas instancias estacionarias, en las que podría admitirse que el ser es y se manifiesta al entendimiento de una única manera. La mirada ontológica global, en lo espacial y en lo temporal, sería la de Heráclito y, por tanto, dialéctica.

Puntos de bifurcación

Cuando una perturbación se magnifica y empieza a dominar el sistema, este ingresa a un punto de bifurcación o de *multifurcación*, en el que la organización del estado estacionario, que es un orden por fluctuación, tiene que optar por una de las distintas posibilidades de reestructuración que su propia dinámica le abre. Es, entonces, cuando se afirma que el sistema tiene por delante muchísimo futuro abierto, aunque cualesquiera de esas múltiples factibilidades no pueda ser anticipada. Sólo su propia autopoyesis, a partir de la "sensibilidad" a las condiciones iniciales del estado estacionario inmediatamente anterior, influirá de manera decisiva sobre el futuro que seguirá.

El problema de la complejidad, propio de los sistemas que evolucionan, radica en lo imprevisible de su direccionalidad cuando son considerados desde una mirada lineal, para la cual el cambio se produce en una especificidad determinada, por la simple acumulación progresiva, por la suma de pequeños e imperceptibles cambios que pueden ser aislados y conocidos. La liebre saltará, a lo mejor, por donde menos se espera, en el caso de los sistemas complejos no lineales.

Un punto de bifurcación o de multifurcación es aquel donde el sistema se abre a una diversidad de comportamientos impredecibles (Prigogine, I. y Stengers, I., 1990); dicho de otra manera, se abre a comportamientos que no se hallan prefijados en el estado estacionario, dado que la ruptura de la simetría temporal hace que el futuro no esté contenido en el pasado. La complejidad del sistema se encuentra determinada, entonces, por su posibilidad de franquear, a su manera y desde su propio tiempo, los puntos de bifurcación o de multifurcación que su dinámica no lineal crea (Nicolis, G., 1996) y, consecuentemente, de evolucionar, de optar por un nuevo régimen de funcionamiento.

El concepto de bifurcación o de multifurcación conlleva a que la explicación del comportamiento actual de un sistema no lineal y complejo sea, necesariamente, histórica. Para tal efecto, es necesario especificar las distintas evoluciones que constituyen su pasado, enumerar las bifurcaciones o multifurcaciones atravesadas y la relación de las fluctuaciones y perturbaciones que han incidido en su historia (Prigogine, I. y Stengers, I., 1990). La categoría de opción permite que cada sistema cree, en relación con su entorno, su propia historia.

En cada punto, al optar el sistema por un régimen dado de funcionamiento, entre los varios y distintos factibles, se decide por una historia, y cancela esas otras en las que podría haber sido de una manera diferente. Esa opción, dota al sistema de otra "historia de vida", la cual producirá otros puntos de bifurcación o multifurcación y, a su vez, otras posibilidades de opción, las cuales lo separan definitivamente de lo que pudo haber sido y no fue. En esto consiste su irreversibilidad, en el hecho de que no puede volver atrás; sus autopoyesis tomaron otras factibilidades de ser.

I. Prigogine (1996) sostiene que para estos sistemas la irreversibilidad no puede ser formulada en la escala de las trayectorias tradicionales, ya que no va de un punto *a* a un punto *b* y, por tanto, tampoco puede decirse que esa irreversibilidad prohíbe que vaya de *b* a *a*. La noción de punto y de trayectoria carecen aquí de sentido; se requiere de otras representaciones para describir la evolución de un sistema cuya historia es debida a la superación de puntos de bifurcación entre los cuales no hay trayectoria.

Puesto que las transformaciones optadas fueron realizables en relación con las interacciones fluctuantes con el entorno, ellas no amortiguaron ni disiparon las perturbaciones que causaron esas transformaciones, hasta el punto de que crearon también opciones de cambio por dominancia de las perturbaciones en las fluctuaciones de dicho entorno. Éstas, igualmente, son irreversibles, por lo que tampoco podrán volver atrás. El sistema no podrá "lamentarse" de lo que pudo haber sido y, consecuentemente, jamás podrá volver atrás, ya que el encaje con ese nuevo entorno se hará desde el nuevo y holístico régimen de funcionamiento.

Desde la perspectiva teórica de las interacciones fluctuantes entre los componentes de un sistema, se puede postular que en la medida en que el número de tales componentes aumenta, el problema de la complejidad crece de una manera no lineal, por lo que cualquier predicción al respecto corre el riesgo de no cumplirse. Agréguese el hecho de que cada entorno inmediato está inmerso en otro que es mediato, con respecto al sistema, y que todos interactúan de forma fluctuante en el mismo orden de proximidades. Entonces hablar de complejidad no puede ser una mera declaración.

Una vez explicada, de forma general, en qué consisten las teorías de los sistemas dinámicos no lineales y las de la complejidad, las cuales se hallan imbricadas, se procede ahora a formular un discurso conjetural en torno a las actitudes, la inteligencia y la actividad cognoscitiva. Esa formulación posibilitará enunciar la naturaleza compleja de las competencias, no reducibles, en rigor, a una mirada mecánica simplista (Lewin, R., 1995).

Lo actitudinal

En este apartado, se relacionan algunas de las conclusiones a las cuales han llegado los investigadores en el campo de las ciencias experimentales acerca de lo que es actitudinal, partiendo de sus interpretaciones acerca de los resultados específicos que han obtenido y sobre los cuales parecen existir ciertos acuerdos básicos en el interior de la comunidad de especialistas. Las actitudes no le vienen dadas a nadie por vía hereditaria o por el azar de lo congénito. Nadie nace programado genéticamente para desempeñarse en una determinada ocupación u oficio.

R. L. Shrigley (1983) afirma que hay suficiente información para sostener que las actitudes no son innatas, sino aprendidas; son resultado de un aprendizaje cultural; por eso, aquellas que se desarrollan en un ambiente rural difieren de las que se construyen en un entorno urbano. Cada ambiente permite a sus miembros establecer interacciones comunitarias que son distintas, y, por tanto, esa distinción es la base para entender las diferencias entre las respectivas actitudes que se construyen. Cada contexto cultural, social, político y económico establece su particular tipo de interacciones que incide, significativamente, en la construcción de las actitudes de cada quien y, también, en su calidad.

Hablar del contexto cultural, social, político y económico, sin más, es tan sólo una generalidad que oculta el hecho de que ese contexto, desde una tradición identificable, es diverso, su diversidad está constituida por las diferentes instituciones que han sido construidas históricamente en su seno. Lo anterior es así tanto en su ambiente rural como urbano. La admisión de la diversidad habla a favor de la multiplicidad de interacciones no lineales y fluctuantes que aparecen en cada contexto, por lo que las diferentes actitudes que se construyen en ellos no obedecen a una dinámica simple y lineal; la relación de causalidad no puede ser entendida en tales términos.

Cada individuo, en cuanto a sus actitudes hacia un saber determinado, se reconfigura, desde sí, para ser actitudinalmente como quiere ser según su intencionalidad de pertenecer a un grupo y encajar en él. Es él quien construye ciertas y determinadas actitudes con miras a desempeñar competentemente el papel que mejor le posibilita vivir con éxito en su comunidad. En esto, inciden las interacciones que la comunidad mantenga con las otras organizaciones culturales, sociales, económicas y políticas de sus entornos inmediatos y mediatos.

R. L. Shringley, desde los resultados de su investigación en este campo, afirma que en las actitudes individuales hacia un saber específico, desempeñan un papel importante los contenidos curriculares y las metodologías empleadas por los profesores para el desarrollo de los cursos referentes a ese saber. Esos contenidos y esas metodologías inciden en la conservación o en la transformación de las actitudes elaboradas inicialmente en los contextos rurales o urbanos. Es así por cuanto el saber puesto a disposición de los alumnos puede no suministrarles la oportunidad para entender mejor y de otra manera lo relacionado con el despliegue de su vida cotidiana, o dicho de otra forma, para construir actitudes que les permitan encajar mejor y en otro estadio dentro de su entorno. Agrega el autor que en la construcción de esas actitudes, se halla implicada la influencia social de las otras personas con las cuales se interactúa.

Esa interacción es necesariamente actuacional, por lo que la construcción de esas actitudes se emparenta, de forma muy estrecha con la construcción de las competencias pertinentes, dado que la pertenencia al grupo exige ser competente en aquello que le da sentido a ese colectivo. Las competencias construidas inciden en el rol que el individuo desempeñará, en términos protagónicos o no. Construir actitudes no es un ejercicio cognoscitivo que se hace por fuera de las intencionalidades de ser y de pertenecer, de una cierta y determinada manera, a un grupo

R.L. Shrigley, T.R. Koballa y R.D. Simson (1988) distinguen las actitudes de las creencias, los valores y las opiniones, con propósitos analíticos y con miras a distinguir de qué manera, en la construcción de las actitudes, estas categorías, integralmente consideradas, participan en dicha elaboración. De hecho, las creencias sociales e individuales, la valoración que se hace en cada contexto y las opiniones que de ellos se derivan, de manera no lineal, inciden en las actitudes que cada quien construye sobre la pertinencia y la importancia de cada saber. Esas valoraciones y opiniones, que se derivan de lo cultural, de lo social, de lo político y de lo económico, son capitales.

A. Kelly (1986) concluyó que la enseñanza de un determinado saber en la escuela tiene un claro efecto en el tipo de actitudes que los alumnos elaboran hacia dicho saber. El hecho es que la presencia de un saber determinado, dentro de las intencionalidades curriculares, no está ahí dado por su importancia intrínseca, sino porque tiene un respaldo cultural, por la intensidad e importancia que le atribuye el proyecto político y económico que concibe y ubica la escuela históricamente, por el orden que el proyecto establece.

La cita conduce a categorizar la enseñanza; categorización que ha de hacerse de acuerdo con los compromisos epistemológicos, culturales, sociales, políticos y económicos de los enseñantes, a la vez que con las interacciones que esos compromisos mantienen con aquellos que orientan las intencionalidades de las instituciones o de la educación escolarizada. Según lo anterior, esos docentes podrían comulgar con la idea de que las actitudes son heredadas y se dedicarían a desarrollarlas. En el mismo orden de ideas procederían con las competencias, en el caso en que en su estructura, actitudes y competencias estuvieran relacionadas.

D.L. Zeidler y N.G. Lederman (1989) llegaron a la conclusión de que el lenguaje usado por los profesores en la comunicación de los contenidos curriculares suministra el contexto a partir del cual los alumnos forman sus propios puntos de vista acerca del mundo de las interacciones en que se produce el saber. Los compromisos epistemológicos que los profesores tienen dependen, de alguna manera, del proceso de formación que han tenido, de la actitud que asumen con el saber que enseñan, de la valoración social, política y económica que corresponde a dicho saber y la que la sociedad posee de su trabajo como pedagogo y *didacta*.

Puede suceder que los profesores crean que la información que transmiten y en la forma cómo lo hacen produzca automáticamente conocimiento en los estudiantes y que, por tanto, repetir esa información es transmitir un saber. En este contexto, las actitudes no aparecen en términos de un problema pedagógico y didáctico, y tampoco las competencias son reducibles al desarrollo de habilidades y destrezas.

C.F. Gould y A. Hukins (1980), a partir de sus investigaciones, explicitan que lo actitudinal posee una dimensión afectiva. No basta con una explicación racionalista, cientificista y tecnicista, que reduce todo a problemas algorítmicos y, desde esa reducción cartesiana, no le concede importancia o penaliza la intervención de lo afectivo para elaborar actitudes, construir competencias y ser competente en un saber específico. La multidimensionalidad de lo afectivo se toca con lo emocional positivo.

R.A. Schibecci (1984), con base en su trabajo investigativo en este campo, sostiene que la clase de actitudes por la cual se opta puede ser categorizada, en lo afectivo, como positiva o negativa. Ampliando esa categorización, se diría que los alumnos construyen actitudes positivas, neutras y negativas. Las primeras pueden conceptualizarse en términos de un enamoramiento por un saber o grupo de saberes que poseen relaciones interdisciplinarias; al estudiante le encanta todo lo realcionado con ese o esos saberes: lee al respecto todo lo que llega a sus manos, busca bibliografía adicional, organiza grupos y participa en discusiones que los abordan. Su mente se ocupa y vive sumergida en esas cuestiones.

La construcción de las actitudes positivas están relacionadas con la constitución de ámbitos de estimación, cariño y reconocimiento, tanto por parte de los profesores como de todos los miembros del colectivo aula. Se trata del establecimiento de unas relaciones emocionales que van más allá de las delimitadas por las interacciones profesor-alumno, las de amistad o las de compañerismo, dadas por el hecho de ser condiscípulos. El trabajo en un saber dado debe llevarse a cabo porque produce goce y satisfacciones profundas en quien lo realiza.

En cuanto a las actitudes neutras, ellas pueden, a su vez, ser conceptualizadas como la ausencia de cualquier interés; o la adopción de una postura de "me da lo mismo"; también pueden ser asumidas como un saber o grupo de saberes que no son objeto de atención y preocupación por parte de los estudiantes; si les toca un tema asociado a estos saberes, ellos prefieren cambiar de conversación o se alejan del grupo. Esta clase de alumno no pasa de adquirir una información superficial, en ocasiones sólo por obligación o, simplemente y para no pasar por ignorante.

Por este tipo de actitudes, ha fallado la educación centrada en logros. Es esa ausencia de una construcción rigurosa la que hizo que los profesores asimilaran logros a objetivos y que, olvidando a Gagné, formularan burocráticamente una cantidad inconmensurable de logros, tantos que ni ellos mismos podían alcanzarlos en cada período de escolaridad. Nadie puede determinar al otro hacia que logros ha de dirigirse porque esto equivale a desconocerlo. Lo que se espera es que con las competencias no suceda algo semejante.

Finalmente, se tiene el hecho del estudiante que elabora una actitud negativa o de rechazo hacia un saber o grupo de saberes determinados. Se dan casos en los que ese rechazo llega al extremo del odio. La imagen que se construye de profesores y, en general, de todos los especialistas en dichas áreas es realmente negativa, y se rehúye cualquier contacto con estos grupos. El estudiante no quiere saber nada que tenga relación con ese o esos saberes.

En el caso de la física, Gunter Lind (1982), desde la idea de que el interés es una preferencia por ciertas temáticas y actividades científicas, trabajó con alumnos del undécimo grado de la secundaria alemana, demostrando que resulta problemático hablar de un interés general por la asignatura de física, pues los estudiantes se dividen en quienes prefieren la observación y las actividades prácticas y quienes se interesan por lo teórico (el trabajo con modelos físico-matemáticos). Su conclusión habla a favor de que estos dos grupos de intereses por un mismo saber no se deben a una ley natural, sino que son el resultado de experiencias anteriores, obtenidas en el aprendizaje de la física.

Cabe preguntar aquí, a la luz de las interpretaciones de los resultados investigativos, de dónde sacan y cómo justifican los maestros que la construcción de actitudes e intereses por ciertos y determinados saberes pueda ser descrita y explicada por leyes naturales, las cuales, en última instancia, estarían referidas a lo estadístico de las recombinaciones genéticas. A todas luces, lo anterior constituye una ignorancia, no por cantidad, sino por la llenura de suposiciones y creencias que su formación como profesionales de la educación, como pedagogos, no se ha cuestionado.

Todo parece indicar que no es factible elaborar unas actitudes hacia un saber determinado si el alumno desconoce su estructura conceptual y metodológica, su importancia cultural, social, política y económica, pero, sobre todo, si no ha intentado introducirse cognoscitivamente en él. Las actitudes se construyen a la par del esfuerzo que cada alumno hace para construir los conceptos y las metodologías propias de ese saber específico.

La estructura de lo actitudinal

Carlos Furió Mas y Amparo Vilches Peña (1997) afirman que la idea de actitud configura un modelo antropológico social, en el cual se concibe a la persona como un sujeto que se forma actitudinalmente en un medio social influyente, con sus normas, actitudes y valores. El modelo supone una relación racional entre actitudes y conducta. Desde este modelo y según los autores citados, lo actitudinal está constituido, al menos, por cuatro componentes:

a. Lo *cognoscitivo*, en lo referente a percepciones, ideas y creencias, a partir de las cuales, la persona se pone en contra o a favor de la conducta perseguida.
b. Lo *afectivo*, esto es, la clase de sentimientos individuales de aceptación o de rechazo en relación con el comportamiento perseguido y que se exige.
c. Lo *conativo* o *intencional*; la inclinación voluntaria (toma de decisiones) para realizar la acción conductual.
d. Lo *comportamental*, la conducta observable propiamente dicha.

A los anteriores componentes, hay que agregar el axiológico, ya supuesto en lo afectivo, en virtud de que la aceptación o el rechazo están precedidos de una valoración personal, no sólo de si se encuentra en condiciones de seguir el comportamiento perseguido, sino también de los beneficios personales y comunitarios que los resultados de la conducta revierten. En este orden de ideas, es un interrogarse cómo afecta al individuo y a los otros el comportamiento asumido. Se da por descontado que la ejecución de la conducta obedece a una previa planificación; que no es ella una acción espontánea y que se deriva de la intencionalidad de obtener algo. Lo actitudinal tiene un componente metodológico, tanto en el significado amplio como en el restringido.

La conducta, cuya realización concreta posibilitaría emitir un juicio sobre la objetividad de aquello de lo cual se deriva, constituye una decisión de cada individuo que se desprende de la intencionalidad de querer aparecer, frente a los demás, en la manera como él quiere que ellos lo hagan aparecer en el interior de las interacciones comunitarias. Lo conductual es, por tanto, una acción mediada que no obedece a la lógica estímulo-respuesta. La aclaración anterior debe ser tenida en cuenta para comprender la diferencia con el behaviorismo. Desde la admisión de la existencia de estructuras conceptuales, metodológicas, estéticas, actitudinales y axiológicas, esa conducta, operacionalmente hablando, sería sólo una particularidad de lo metodológico en la construcción de actitudes.

Una mirada analítica permite postular que lo actitudinal configura en sí una especie de microestructura, en la que cada uno de los componentes interactúa con los otros y todos con todos, de manera fluctuante. Estas fluctuaciones crean perturbaciones en la microestructura, las cuales pueden ser amortiguadas o, por el contrario, alguna de ellas puede magnificarse y dominar toda la microestructura, haciendo que lo actitudinal ingrese a un punto de bifurcación o multifurcación, punto que crea varias y diferentes reestructuraciones factibles. En esta situación, al individuo se le presenta el dilema de optar por una de las tantas opciones, cancelando las otras historias de cognición y de actuación. Si después decide experimentar cualesquiera de las desechadas, no es la misma persona la que regresa, y las experiencias derivadas de ese posible regreso no serán iguales a las que pudo obtener si se hubiera decidido por cualquiera de aquellas opciones que pudieron haber sido en el pasado, que ya quedó atrás.

A diferencia de los sistemas físicos, aquí no se trata de cosas, cuerpos o partículas, sino de significados, hasta el punto de que es posible hablar de interacciones significativas o, mejor, entre significados. Por eso, lo que cada componente de la microestructura significa para una persona depende de cómo lo hace interaccionar con los otros que lo hacen ser. Si bien la configuración conceptual de un componente puede ser aislada con propósitos analíticos, en realidad su estructura interna, en cualquier momento dado, es una readecuación adoptada críticamente, de acuerdo a cómo ella lo hace interactuar con los demás, interna y externamente. Admítase, en principio, que el entorno conceptual de cada componente está determinado por todas las interacciones fluctuantes que mantiene con los otros.

Las fluctuaciones han de entenderse aquí en términos de que los significados no son estereotipos o, dicho con otras palabras, no constituyen un listado de meras definiciones, tipo vocabulario, propio de un diccionario general o especializado. Esas fluctuaciones generan perturbaciones, es decir, modificaciones en los significados que al dominar toda la microestructura, hacen que ésta cambie como forma de significar y de significación. Todo depende del tamaño de la microestructura aludida, del número de conceptos que la componen y de las interacciones comunitarias.

Cada individuo puede mantenerse en una especie de "estado estacionario de no equilibrio" cognoscitivo y actuacional, de conformidad con las "amortiguaciones" que las perturbaciones pueden experimentar, según se den todas las interacciones recíprocas aludidas. También puede suceder que una perturbación en cualesquiera de los significados que fluctúan, se magnifique y produzca una transformación conceptual, metodológica, estética, actitudinal y axiológica, haciendo que el individuo cambie las interacciones con su entorno: la persona se vuelve otra, cognoscitiva y actuacionalmente, por lo que desde el punto de vista actitudinal se hace distinta. Los otros miembros de su colectivo perciben esa transformación.

De la misma manera, los cambios en los significados, así como en las formas de significar y de actuar de los miembros del colectivo al que se pertenece o se pretende pertenecer y con los cuales se interactúa, pueden llevar a que la persona se vea en la necesidad de readecuar su estructura cognoscitiva y actuacional, con el fin de seguir encajando, interactivamente, con los demás integrantes del grupo. Pero puede ocurrir, de igual modo, que se haga refractaria al cambio producido y decida retirarse de su colectivo.

La construcción de lo actitudinal, dado que no deviene genético o congénito, obedece a procesos de reconstrucción. Toda persona se halla en condiciones de transformar y redireccionar su *constructo* actitudinal, de acuerdo con las limitaciones impuestas por su propia temporalidad existencial puesto que no puede hacerse competente en aquello en lo que no tendrá las mismas oportunidades. La dinámica no lineal de las vidas particulares de cada ser humano no da para otra posibilidad.

Las transformaciones inducidas por el cambio en el colectivo pueden ser amortiguadas por las interacciones entre todas las estructuras que la persona ha construido y cuyos componentes son, a su vez, entornos de todos. De no ser así, sería insostenible que esa persona pudiera ingresar a un ámbito *multifurcacional* en el que ha de reelaborar muchos y diferentes ámbitos cognoscitivos y actuacionales, por uno de los cuales y desde sí tendrá que optar. De esta manera, la persona continúa perteneciendo al colectivo, pero no como un clon o una copia intelectual del mismo. Es en la manera autopoyética de la organización elaborada donde se posiciona para que las interacciones internas entre significados sigan la no linealidad.

La actitud cognoscitiva

La cognición es una actividad. Partiendo de tal convicción, se acude, así sea metafóricamente, a la ciencia del caos para proponer que esa actividad ha de poseer una dinámica. Al respecto, es dable pensar que esa dinámica puede ser lineal o no lineal, sin que con ello se pretenda intentar describirla y explicarla con el auxilio de ecuaciones diferenciales lineales o no lineales. No obstante, el recurso explicativo abre nuevas posibilidades de comprensión. De hecho, ha de entenderse que se trata tan sólo de un modelo entre todos los factibles.

Si la actividad cognoscitiva sigue una dinámica lineal, entonces, los estadios a los que conduce son predecibles, dado que funciona como una especie de reloj y, de esta manera, conserva su propia simetría temporal. Aquello que cada individuo será en el futuro, no se diferenciará de lo que es en la actualidad, a su vez que aquello que es hoy resulta idéntico a lo que fue ayer. En este sentido, la actividad cognoscitiva no hace que la persona evolucione conceptual, metodológica, estética, actitudinal y axiológicamente, ya que siempre es y será la misma, suceda lo que suceda en su entorno.

En la praxis, aquí se configura una decisión, la cual tiene que ver con compromisos epistemológicos, y estos no son independientes de la historia cultural, social, política y económica de una comunidad dada. Esas condiciones son las que generan los espacios y las oportunidades para dar cabida a una concepción particular de la actividad cognoscitiva, incluso, de su reducción a la repetición memorística y del impedimento a acceder a otros saberes críticos.

De ser así, no cabría plantear para la actividad cognoscitiva interacciones complejas entre los componentes de su estructura, ni tampoco fluctuaciones en dichas interacciones. A lo sumo, la formulación de esas interacciones sólo sería posible entre pares de componentes, con lo cual la categoría de estructura adolecería de serias incoherencias, en lo teórico y en lo práctico, acerca de lo actuacional de esa persona. La mente de un individuo no sería otra cosa que compartimientos estancos, lo cual fracturaría la integralidad desde la cual se observa; por el contrario, sería sólo una colección de definiciones y presentaría comportamientos estereotipados.

La cognición procedería por acumulación simple y lineal de definiciones en una memoria enteramente mecánica, similar a la construida de los *hardware*. En consecuencia, le cabría la atribución de poseer tan sólo una estructura cognitiva, para recibir y guardar información, la cual, como lo planteó Ausubel, no daría cabida a un aprendizaje significativo y, en consecuencia, lo memorizado sería independiente de cualquier estructura conceptual hipotéticamente poseída. Al final y con el paso del tiempo, la capacidad de recordar se iría extinguiendo poco a poco hasta ser borrada definitivamente. Esta mirada mecanicista y reduccionista es objeto de serios cuestionamientos.

El problema que surge de suponer que la actividad cognoscitiva sigue una dinámica lineal y, por tanto, que obedece a pautas discernibles y a esquemas repetitivos, es el gran interrogante de cómo ella es creativa y produce nuevas conceptualizaciones que redireccionen los modelos de mundo, dentro de los cuales la mayoría de las personas se desempeñan. La mirada lineal sólo admite y acepta el transmisionismo repeticionista de información para seguir siendo lo mismo.

Por el contrario, algo distinto se espera si a la actividad cognoscitiva se le atribuye la característica de funcionar de conformidad con una dinámica de tipo no lineal. De ser así, entonces, el concepto de interacciones fluctuantes entre los componentes de sus estructuras conceptuales, metodológicas, estéticas, actitudinales y axiológicas, y de éstas entre sí, podría ser admisible, así como también el necesario recurso de acudir a una teoría de la complejidad, con miras a salirse de cualquier mirada propia del reduccionismo mecanicista y, por tanto, de la lógica cartesiana.

Nótese que se habla de estructuras, en plural. En cada una de ellas, lo conceptual, lo metodológico, lo estético, lo actitudinal y lo axiológico interactúan de manera significativa; por lo cual se codefinen mutuamente. En otras palabras: son inseparables, hasta el punto de que ninguno de ellos es *planteable* sin acudir a los otros. Por otro lado, cada estructura interactúa con las otras. La interacción tiene lugar entre todos los componentes de todas las estructuras. De ahí que cada una posea un entorno conformado por todas y cada una de las otras estructuras. En esto consiste la integralidad.

Si se acepta la propuesta anterior, ella permite postular que la actividad cognoscitiva rompe la simetría temporal, por lo que el futuro de lo que cada persona será no está contenido en su actualidad, ni mucho menos en su pasado. La actividad cognoscitiva de cada quien produce cambios y evoluciones en lo cognoscitivo y en lo actuacional. En consecuencia, cualquier predicción acerca de lo que cada persona será mañana corre el riesgo de que no se cumpla, todo porque las perturbaciones creadas por las fluctuaciones de las interacciones entre los significados configuran actos eminentemente creativos. Nadie, ni incluso el propio individuo, puede predecir hacia qué reestructuraciones lo conducirá su propia actividad cognoscitiva, de la cual, además, es consciente y puede dar cuenta de su actualidad.

En este sentido, sería insostenible pensar que los cambios y las transformaciones acaecidas procederían por acumulación lineal y simple de nuevas informaciones. En rigor, se tendría una estructura cognoscitiva integral que requiere de una nueva conceptualización de la memoria: no habría *hardware*, en principio. Al aprendizaje no le cabría otra concepción que no fuera la de construcción y reconstrucción sistemática de significados, formas de significar y de actuar, de conformidad con las intenciones que persiguen resultados precisos y especificados de antemano.

El aprendizaje es, visto de esta forma, una de las actividades propia de la actividad cognoscitiva y una actuación eminentemente idiosincrática, en principio. Pero hay algo más, la persona puede aprender sin necesidad de un agente externo *(autodidaxis)* dado que las interacciones fluctuantes pueden crear reestructuraciones significativas entre los componentes de sus estructuras cognoscitivas. Reconstruye y construye nuevos significados, formas de significar y de actuar.

Una mirada teórica rigurosa de la actividad cognoscitiva, desde la perspectiva no lineal y compleja, ha de considerar no sólo cómo las perturbaciones que generan las fluctuaciones de las interacciones internas entre los componentes de las diversas estructuras (conceptuales, metodológicas, estéticas, actitudinales y axiológicas), y de ellas entre sí, producen las transformaciones y evoluciones, sino también las fluctuaciones de las interacciones que cada individuo mantiene con su entorno; entorno que se caracteriza por ser pluriorganizacional y multiorganizacional.

Cuando se atribuye al entorno la cualidad de ser pluriorganizacional y multiorganizacional, esto conlleva serias implicaciones teóricas. Es así en razón de que fundamenta su mirada desde una teoría de la complejidad, ya que las interacciones entre las organizaciones son múltiples y diversas, y de la misma manera se comportan las fluctuaciones de tales interacciones, dificultándose la amortiguación o disipación de las que en cualquier momento se magnifiquen. Se tiene así un entorno que se está transformando a su propio ritmo. Es una sociedad abierta, en constante cambio.

Una persona abierta a ese mundo ha de interactuar con él de manera múltiple y diversa. Esta interacción genera fluctuaciones del mismo orden entre sus estructuras y los componentes de éstas, haciendo y posibilitando que algunas de ellas se magnifiquen y creen la necesidad de reestructuraciones. Un individuo inmerso en ese entorno tiene necesariamente que estar transformándose para mantener su encaje en él. Dado que esas transformaciones se deben al cruce de puntos de multifurcación, ellas no proceden por una linealidad de la relación causa-efecto.

Esa actividad cognoscitiva no lineal y compleja es la que requiere construir representaciones de sí misma y del espacio de mundo, objeto indispensable de representación, siguiendo la intencionalidad de ordenarlo, intervenirlo, regularlo, transformarlo y, en general, construirlo para que sea el ámbito de un mundo hecho para sí, con los otros y en relación con las intencionalidades constructivas análogas de los demás. Las representaciones, si bien surgen idiosincráticamente desde sí, se producen para los demás (Toulmin, S., 1972), así esos otros inicialmente existan de manera virtual. Todo porque ningún ser humano puede existir aislado de sus semejantes.

Esas representaciones han de traducirse en significados porque, desde el principio, tienen que serlo y, consecuentemente, deben ser *vehiculizadas* lingüísticamente, en términos de una lengua compartible, de manera significativa con los demás o con los miembros de un colectivo dado. La comunicabilidad intrínseca de esas representaciones requiere que ellas sean, por naturaleza, conceptualizaciones, ya sea en términos de nociones (ideologías), categorías (filosofías) o de conceptos propiamente dichos (saberes científicos, tecnológicos o artísticos).

La actividad cognoscitiva crea sus propias condiciones iniciales y, a la vez, depende de tales condiciones. En ello se sustenta la convicción de que dicha actividad es autopoyética. Esa autopoyesis no puede ser una mirada desde la óptica solipsista, ya que toda persona nace en un ambiente que ha sido ordenado, históricamente, en lo cultural, en lo social, en lo político y en lo económico (Berger P. y Luckmann, T., 1993); ordenamiento que se constituye en un ámbito representacional previo, con el cual cada *neonato* tiene necesariamente que interactuar en relación con sus propias representaciones idiosincráticas y las que en dicho ambiente circulan y son aceptadas por todos.

Lo cultural, lo social, lo político y lo económico del entorno en el que cada quien nace, constituye un multi y pluriámbito representacional cuya naturaleza intrínseca se hace paulatinamente objeto de interpretación del neonato; interpretación que es para él un imperativo, desde la exigencia de pertenecer que se da a sí mismo. Esa exigencia lo conduce a construir el lenguaje y la lengua en el que y en la que ese ámbito representacional tiene sentido para los demás y ha de tener sentido para él.

Se compromete y se implica con y en la construcción y reconstrucción de significados, formas de significar y de actuar, desde sí con los otros y para los otros. En este proceso, las distancias temporales entre puntos de multifurcación por los cuales atraviesa el neonato resulta corta; distancia que se va alargando en la medida de su propio ritmo cognoscitivo.

La mirada estructural

Se ha evitado, con toda intención, hablar de sistemas, ya que se caería en los reduccionismos criticados. Se prefiere, en cambio, emplear la categoría de organización que, como producto humano, obedece a las intencionalidades del hombre de crear un mundo para sí, aun cuando los sistemas sean también constructos del ser humano.

La toma de distancia con el concepto de sistema responde al hecho de que este se formuló desde la concepción mecanicista del mundo, connotación de la cual resulta imposible librarse. La organización corresponde mucho más a estructuras culturales y sociales, en las que los seres humanos interactúan siguiendo regímenes actuacionales según los cuales ellos no se comportan como simples piezas de una maquinaria. De esta manera, ningún ser humano es reemplazable por otro, incluso de su misma especialidad, en razón de que sus estructuras conceptuales, metodológicas, estéticas, actitudinales y axiológicas no son equivalentes uno a uno.

Hecha tal salvedad, hay que entrar a sostener que lo propuesto para lo actitudinal tiene que ser coherente y necesariamente válido para lo conceptual, lo metodológico, lo estético, lo actitudinal y lo axiológico. En este caso, no sería sostenible la idea de microestructuras, sino, la de estructuras e, incluso, la de macroestructuras.

Se cree que no es indispensable explicitar que lo conceptual configura en sí una estructura, en la cual los conceptos que la conforman conllevan contenidos significativos dependientes de las interacciones que, en tal sentido, mantienen entre sí para que la estructura conceptual lo sea sistemáticamente de significados, de formas de significar y de actuar. No puede ser una colección estanco de definiciones.

Cada concepto, como sucede, por ejemplo, dentro de las ciencias, carece por sí solo de sentido; para que lo tenga, requiere de ser conceptualizado a la par con otros, de manera que pueda configurarse la estructura conceptual, por fuera de la cual todos los conceptos implicados no son significativos. Algo análogo ha de decirse de las categorías y de las nociones. De esto, los lingüistas pueden dar mejor cuenta. Es en este hecho que se fundamenta la propuesta de los mapas conceptuales.

Una proposición similar debe hacerse para lo metodológico, que adquiere significado en su relación con lo conceptual; algo que se aparta de la mirada empiropositivista, la cual, en general, establece una separación entre lo teórico y lo práctico. De hecho, lo metodológico adquiere su estatuto en lo significativo precisamente porque toda estructura conceptual lo es de significados, de formas de significar y de actuar sistemáticas. Concebido a sí, se le atribuye el ser de naturaleza hipotético-deductiva; una atribución que amplía lo metodológico, y se opone a reducciones operativas de manejo de instrumentos y toma de datos.

Lo metodológico configura una red estructural compleja de conceptos y de actuaciones, desde la cual la estructura conceptual crea ámbitos, procedimientos y recursos para hacer factible aquello que se concibe, en relación con el espacio del mundo que ordena, para intervenirlo, controlarlo, regularlo y transformarlo. Lo metodológico no es reducible a la aplicación o al uso de lo conceptual, ya que lo creado y sobre lo cual se opera, por ejemplo, es solidario con el modelo teórico desde el cual fue organizado y que especificó las actuaciones adecuadas y pertinentes.

Lo estético conforma, de igual modo, una estructura particular, como goce y como percepción de las simetrías inherentes a lo conceptual y lo metodológico, en cuanto introduce un orden fundado en las simetrías que plantean las conceptualizaciones y las metodologías, en la medida en que formulan un orden para el pensar y el actuar. De este ordenamiento dimana una atribución de belleza al espacio que delimita, como objeto construido de problematizaciones y de rectificaciones para dar origen a otras problematizaciones posibles, en las cuales el sujeto cognoscente se reencuentra con la erótica de su propia actividad cognoscitiva y autopoyética.

Lo estético, por fuera de una teorización rigurosa al respecto, es afectivo, y en este sentido habría que hablar de una experiencia estética con el fin de postular que nadie puede tener esa experiencia sobre la nada, sobre lo que desconoce. Tal afirmación supone que lo estético es cognoscitivo y, de la misma manera, que habrá diversas manifestaciones y actuaciones en lo estético. Lo afectivo se codefinirá con lo actitudinal para afirmar que en ese tipo de experiencia estética inciden, no linealmente, lo cultural, lo social, lo económico y lo político del entorno donde cada quien nace y se construye como persona.

De lo actitudinal, que se conecta de manera no lineal y compleja con lo metodológico, en cuanto a que todo es actuacional, habría que decir que interactúa con lo afectivo desde la percepción y el posicionamiento estético, como experiencia actual y vertebradora de las futuras que el sujeto cognoscente quiere y desea hacer factibles, metodológicamente hablando.

En cuanto a lo axiológico, es decir, en cuanto a su contenido significativo de atribuir valor, con todas las connotaciones que esto tiene, y en cuanto a que su contexto conceptual y actuacional depende de las interacciones que lo hacen ser, habría que reiterar lo dicho ya sobre la valoración.

Lo axiológico, en su delimitación ética, surge a partir del momento en que el sujeto cognoscente *hace aparecer* al otro y se pone en la situación del otro. Ese hacer aparecer al otro se inicia con la configuración virtual primera que lo hace destinatario de los significados, formas de significar y de actuar. El otro es así una necesidad teórica y afectiva del sujeto cognoscente, quien sabe, de antemano, que sin ese otro no puede ser. En consecuencia, lo ético constituye una relación dialéctica de dependencia, tal como la planteó Hegel, mediada por intencionalidades específicas.

Para comprender la complejidad de tales estructuras, dispongan, por ejemplo, sus componentes en un pentágono, donde todas las disposiciones asumidas por sus elementos son válidas y sirven para construir una representación de cómo interactúan entre sí al mismo tiempo. Todas las combinaciones se dan en la actividad cognoscitiva. De ahí pues, que en cualquier momento puede entrar a predominar uno de ellos en forma individual, en pares, tríos o como totalidad.

De la inteligencia

Cualquier teoría de la inteligencia con pretensiones no ideológicas, de las cuales resulta difícil tomar distancia, constituye un esfuerzo de conceptualización. Todo porque apunta a dar cuenta de lo más complejo a lo cual se enfrenta la actividad cognoscitiva del ser humano. En cualquier caso, se trata de elaborar una aproximación de cómo funciona lo cognitivo que trata de explicarse a sí mismo.

La necesidad de referirse a la inteligencia no sólo obedece al hecho de que se halla implicada en la conceptualización de las competencias, sino también a que modernamente el requerimiento de evaluarla surgió en el contexto escolar. En efecto, en 1900, Alfred Binet, ante el reto de si podría o no diseñar algún tipo de instrumento que pudiese predecir si algunos alumnos de las escuelas primarias de París tendrían éxitos en sus estudios y cuáles serían esos estudiantes, creó el test de inteligencia y su medida, el coeficiente de inteligencia o C.I. (Gardner, H., 1998). Se dice que Binet jamás visualizó su procedimiento como una medida genética o biológica, aun cuando se convirtió en esto cuando llegó a Estados Unidos de Norteamérica, ante la necesidad política de demostrar "científicamente" que los inmigrantes de Europa oriental eran, en este aspecto, inferiores a los estadounidenses anglosajones (English, F. W. y Hill, J. C., 1995) y, por lo tanto, no valía la pena ofrecerles las mismas oportunidades.

Siguiendo modelos reduccionistas producidos por la misma actividad cognoscitiva, se pensó que ella se basaba en la idea de que el cerebro funcionaba a semejanza de una central telefónica. Hoy es la tecnología de los computadores, mañana será otro modelo de referencia. La actividad cognoscitiva al interrogarse sobre sus propios fundamentos, metafóricamente echará manos de lo que ella misma genera, en razón de que se reconoce en sus propias creaciones.

Existen intentos de dar cuenta de la inteligencia humana fundados en los resultados de las investigaciones neurofisiológicas que, dicho sea de paso, se basan en la mecánica newtoniana, en la analítica cartesiana y, muchas de ellas, en la ontología parmenídea; todo porque la neurofisiología no ha pasado a tener en cuenta, de manera rigurosa, la teoría de los sistemas no lineales y la de la complejidad.

De esta manera, y dentro de tal contexto, se trae a cuento el hecho de que las lesiones, por ejemplo, en los lóbulos que tienen que ver con el área de Broca, la de Wernike y otras de esa porción izquierda del cerebro, dan pie para pensar que, en cuanto al lenguaje y el aprendizaje de una lengua, esta actividad cognoscitiva se encuentra determinada neurofisiológicamente; algo que da pie para sostener que el lenguaje y su dominio, así como las competencias comunicativas que los seres humanos construyen, obedecen a capacidades y aptitudes genéticas preexistentes. El argumento es poderoso, y en él pretende basarse H. Gardner (1998 b). Esto pudiera ser lo que le dé estatuto de cientificidad a la creencia de que el talento y las aptitudes le vienen dados a cada quien por su genética particular, a pesar de que todos, por lo general, terminan por ser competentes en sus relaciones cotidianas de significados, formas de significar y de actuar con los otros.

Eso de lo genético, tal como los especialistas hoy lo describen y explican, convencidos de que procede por el azar y de que cada ser, biológicamente considerado, es en sí un producto aleatorio de esas recombinaciones, en las que participa la historia genética de cada par de individuos padres, echa por tierra todos los acuerdos comunitarios ingenuos acerca de los cuales hay psicólogos y profesores que piensan, en la actualidad, que lo que cada uno es le viene dado por herencia.

Al respecto hay que afirmar, que muchos de esos psicólogos siguen trabajando dentro del paradigma de cientificidad que estableció el éxito relativo de la mecánica newtoniana. En cuanto a los profesores, por el predominio del empiropositivismo que los redujo a ser simples operarios (los científicos de la educación, psicólogos y sociólogos estaban encargados de descubrir las leyes del fenómeno educativo, que los técnicos curriculares debían aplicar para que esos operarios los pusieran en práctica), en sus procesos de formación no tuvo cabida el examen riguroso de sus concepciones de inteligencia y, por tanto, trabajaron pedagógica y didácticamente desde la noción del saber cotidiano.

El mismo H. Gardner, cuando quiere fundamentar su propuesta de las inteligencias múltiples y desea dar cuenta de cómo la inteligencia lingüística nos viene dada porque el cerebro humano posee estructuras neurofisiológicas para tal efecto, pasa, de manera irresponsable, a explicitar el hecho de que el ser humano tiene inteligencia musical porque los pájaros, o las aves canoras, derivadas de los dinosaurios, tienen la propiedad intrínseca de producir música, de tal forma que evolutivamente, la actitud de ser musical de cada quien consiste en darle paso a aquello que viene de los ancestros dinosaúricos.

Claro que lo anterior es ingenuo, y sólo los ingenuos pueden admitir tal explicación genética y evolutiva. Sólo desde una posición como la descrita es admisible que las aves canoras producen música, de la misma manera en que se dice que los castores que hacen "represas" son ingenieros o poseen una actitud para la ingeniería. Si esto fuese admisible, habría que sostener que los ingenieros son descendientes de los castores y de los pájaros que hacen nidos. El hecho de ser diseñador estaría programado genéticamente, con lo cual cada ser humano quedaría condenado a repetir el programa que le viene dado.

Las relaciones de cada persona con las demás se llevan a cabo a través de las interacciones comunicativas, sin dudas, mediadas por los significados y formas de significar que se activan en el proceso. Cada quien produce la comunicación que desea someter a los otros (desde sus estructuras conceptuales, metodológicas, estéticas, actitudinales y axiológicas), conjugando interacciones fluctuantes de todos estos componentes, en las que predominan alternativamente cada uno de ellos o varios a la vez, de conformidad con la intencionalidad, el ámbito que crea la comunicación y el desenvolvimiento de la misma.

Cada uno de los participantes, desde sus propias intencionalidades y de acuerdo con las actitudes positivas, neutras o negativas que ha elaborado, descodifica e interpreta la información, atribuyéndole el significado que considera apropiado, según sus estructuras de significación. La forma en que activa sus estructuras se halla relacionada con la clase de perturbación que provoca, significativamente, la comunicación que se emite y que es objeto de interpretación.

La situación descrita y explicitada, en la que cada uno de los participantes tiene que significar desde sí para con los demás, es la que reclama la necesidad comunitaria de llegar a acuerdos en cuanto a lo que se quiere significar, a la vez que pactos programáticos en torno a cómo y hasta qué límites se deben realizar y mantener los acuerdos. Estos no conducen al hecho de que cada quien sea una copia cognoscitiva o un clon intelectual de los demás de su propio grupo (Brunner, J., 1990), ya que ello paralizaría y acabaría con la cualidad humana de reconstruir nuevos significados, formas de significar y de actuar.

Cerebro y teoría de complejidad

En el caso del Sol, la Tierra y la Luna, la complejidad emergía de las interacciones gravitacionales, no lineales y fluctuantes (perturbaciones mutuas), entre tres cuerpos. Es el concepto de interacción no lineal el que produce la complejidad; los sistemas dinámicos no lineales son extremadamente sensibles a las condiciones iniciales, que rompen la simetría temporal y que son autopoyéticos. ¿Puede ser el cerebro humano estudiado como una organización compleja siguiendo los principios anotados?

Una neurona, como organización biológica que es en sí, puede ser descrita y explicada desde una adecuada teoría de la complejidad, con la consecuencia de que en todo momento en que parezca estar en equilibrio, en realidad se encuentra en un estado estacionario de no equilibrio, en el que las interacciones sustancia-sustancia y sustancia-energía están fluctuando dentro de ciertos márgenes, debido a que las perturbaciones de todas esas interacciones fluctuantes son disipadas o amortiguadas. Pero tales estados estacionarios de no equilibrio tienen, en realidad, un corto período de vida media, ya que la neurona se halla cambiando de estado, transformándose constantemente.

He aquí una hipótesis arriesgada. Cada neurona desde su estructura biológica identificable se haya en una especie de metaestructuras. Cada neurona es en sí compleja. Si esto ocurre con una sola, piénsese cómo se incrementa la complejidad cuando interactúan dos, tres y miles de millones haciendo sinergias las unas con las otras. Si se compara, por ejemplo, el tamaño y el volumen de una neurona, con el tamaño y el volumen del encéfalo, se puede asumir entonces que el entorno con el que interactúa cada neurona es en realidad de un tamaño y volumen altamente considerables, por lo que es de esperarse que la organización cerebral se mantenga y se autorregule para mantenerse, en general, dentro de un estado estacionario, más o menos constante, a largo plazo.

En otras palabras, que si bien en todas las fluctuaciones de las interacciones que se dan entre las neuronas emergen perturbaciones, éstas son disipadas o amortiguadas por todo el conjunto de la organización neuronal, manteniéndose en un régimen distinto al producido por las interacciones gravitacionales entre el Sol, la Tierra y la Luna, ya que entre las neuronas esas interacciones son, por lo menos, de dos tipos: eléctricas y bioquímicas. Esto da a suponer que la complejidad es de otra naturaleza y que se requiere de una teoría mucho más sofisticada y totalmente diferente de la mecanicista para comprender cómo funciona el cerebro.

Siguiendo la hipótesis emitida, es posible suponer también qué regiones y áreas, a partir de sus configuraciones neurofisiológicas, autoproducen metaestructuras adecuadas con el régimen de funcionamiento con que están comprometidas, en el estado estacionario particular y general (o total) en el que se encuentran. Igualmente, estas metaestructuras no serían fijas. Piénsese, además, que en distintos regímenes de funcionamiento, por lo menos, las microcantidades de neurotransmisores serían diferentes, de conformidad con el respectivo estado estacionario. Estas metaestructuras, en otro estadio conceptual son, de otra manera, otra forma de la *propiocepción*.

Se puede postular que en la embriogenésis, a partir del momento en que los genes directrices ordenan que unas células se transformen en neuronas, todas ellas son estructuralmente indistinguibles. Ubicadas ya en ciertas regiones, las interacciones no lineales y fluctuantes inciden para que, desde sí, se reestructuren para ser neuronas propias de esas regiones y adquieran el régimen de funcionamiento que las hace encajar dentro del estado estacionario de no equilibrio en el que esa región, en relación con el todo del encéfalo, ha de mantenerse. En este encaje, cada neurona es en sí desde las interacciones que mantiene, para ser lo que es.

El mismo razonamiento ha de ser aplicable a los lóbulos. Ellos no son lo que son aislados de los demás. Las propiedades o características que manifiesta cada uno se derivan de las complejas interacciones que mantienen todos entre sí, y es desde ellas que asumen la identidad que manifiestan en los experimentos. Extiéndase lo dicho sobre las metaestructuras a los lóbulos.

Hay que anotar que a pesar de que el cerebro se halla encerrado y protegido en la cavidad craneana, no puede ser estudiado como una especie de sistema aislado. Es así porque se encuentra abierto e interactúa con el mundo que le rodea, a través de los sentidos: la vista, el olfato, el gusto, el oído y el tacto. La pregunta que aquí cabe indaga las razones por las cuales las multi y pluri interacciones no lineales y fluctuantes que mantiene con ese mundo no lo sacan fácilmente de su estado estacionario.

Los primeros estadios

Todo niño nace con su número completo de neuronas y miles de conexiones básicas, a pesar de que el neonato humano no muestra signos de actividad cortical durante las primeras semanas de vida en el mundo exterior. A partir de la semana número quince, se inicia un rápido período de organización cortical, que afecta importantes funciones nerviosas (Smith, A., 1985). El peso medio del cerebro al nacer es de 350 gr.; al llegar a la edad adulta será por término medio de 1.400 gr.

Sólo hasta los dos años, sostienen los especialistas, se han establecido todas las conexiones fundamentales. Es esta la razón por la cual dicho período desempeña un papel determinante en la formación del nuevo ser humano. No obstante, la red completa estará a punto tan sólo hasta los dieciocho años de edad. Gran parte del cerebro se estructura en interacción con el entorno; una estructuración que, como se ha sostenido, no es lineal y acumulativa, no sigue un algoritmo mecánico simple.

Es no lineal, compleja y procede por superación de múltiples y diversos puntos de multifurcación. Rompe la simetría temporal, afecta las relaciones de magnitud causa-efecto, con una altísima sensibilidad a las condiciones iniciales. No es posible predecir cómo será esa estructura compleja final. Se puede entonces afirmar que cada cerebro tiene, desde el punto de vista neuronal, una historia única, por lo que no debe haber dos cerebros iguales, así sean sus portadores gemelos univitelinos, y menos si se trata de dos hermanos engendrados y nacidos en fechas distintas, dentro de una misma familia.

Aun cuando en este trabajo se ha evitado a toda costa dar ejemplos, aquí se hace necesario hacer una metáfora, la cual ha de ser entendida sólo como tal. Todos los seres humanos poseen huellas digitales y las huellas de cada quien son únicas; algo análogo podría decirse del cerebro. Todos los seres humanos tienen un encéfalo, pero el de cada persona es diferente del de otra. Esa diferencia radica en la organización neuronal. Podría traerse a cuento también, siempre en el sentido metafórico, el caso de dos empresas diferentes que laboran en el mismo campo; su diferencia, incluso con igual número de empleados que poseen la misma cualificación profesional, está en sus distintas clases de organización; hasta el punto de que el desempeño de uno de esos empleados, transladado de una a la otra, cambia, precisamente porque se trata de espacios organizacionales que no son equivalentes.

Se ha dicho que el bebé sale a un entorno con un cerebro cuya estructuración es incompleta. Ese entorno requiere ser conceptualizado. Es físico y cultural. Lo cultural lo ha ordenado históricamente de una forma, en la que las cosas ocupan un lugar que se les ha prefijado, por lo que no están ahí por azar. Ese ordenamiento es, además, multiforme y diverso; orden en el que las personas desempeñan roles sociales, tanto en lo cotidiano como en la especialidad de sus ocupaciones y oficios profesionales. Está lleno de ritos y convenciones.

Ese entorno está también pletórico de colores y de sonidos procedentes de distintos orígenes; ocupado por formas geométricas y rostros diferenciables. Las voces y expresiones son propias de cada persona, en la misma lengua, con ritmos y tonalidades que dependen de las circunstancias y los estados de ánimo. Hay músicas y ruidos. En fin, toda una diversidad con la que tiene que interactuar, necesariamente el neonato. Una organización cuyas interacciones fluctúan e inciden en las interacciones, también fluctuantes, del cerebro que se está estructurando autopoyéticamente.

En este proceso de reestructuraciones sucesivas desempeña un papel crucial la afectividad, el hecho de que el entorno esté organizado de tal forma que genere experiencias emocionales positivas; experiencias tales que llamen a la pertenencia y creen la seguridad de que es ella la más apropiada para llegar a ser. El neonato tiene que sentirse amado y, por tanto, seguro en su entorno. Un ambiente hostil es lo más nefasto para ese proceso de estructuraciones-reestructuraciones que autopoyéticamente producirá ese cerebro particular que encajará a su manera en su entorno. El amor, el buen trato, la atención prestada a tiempo y la motivación estimulante apoyarán, sin lugar a dudas, el que la persona pertenezca desde sí y construya sus actitudes positiva y su inteligencia apropiada. (Greenspan, S.I. y Benderly, B. L., 1997).

La hipótesis es que ese cerebro tiene que encajar necesariamente en ese entorno, según el tipo de perturbaciones que este último crea en esas interacciones internas y fluctuantes ya creadas, como en las que se están conformando. Sin embargo, el cerebro no se somete simple y mecánicamente a los dictámenes de la pluralidad de las perturbaciones provenientes del entorno. Es por eso que no es una copia del entorno, ni un mero producto del mismo.

El medio exterior está conformado por pluri y multiordenamientos en lo cultural, lo social, lo político, lo económico, lo ideológico, lo filosófico, lo religioso. Estas organizaciones no se imponen al proceso de estructuraciones y reestructuraciones aquí considerados. El orden exterior no fluye al interior sin ninguna interferencia para *patronar* dicho proceso; justamente porque en esa interioridad hay también un orden previo constituido. De ahí pues que la dinámica de lo que ocurre hay que entenderla como un juego o encuentro entre dos clases de organizaciones (vistas de manera general)' una, como ya se dijo, que fluye hacia adentro, y otra que fluye hacia fuera (Piattelli-Palmarini, M., 1983). Este es el ámbito complejo de la autopoyesis, esa que lleva a cada quien a ser único e irrepetible.

Hay que postular, entonces, dentro de la dinámica no lineal y compleja, que en dicho proceso la ley de causalidad funciona de otra manera. Una misma causa puede producir varios efectos e, incluso, que los efectos existan antes que las causas, a la vez que una causa de magnitud considerable produzca un efecto insignificante, como también, que una causa de magnitud poco significativa genere un efecto sorprendente.

Son los anteriores principios a los que hay que convocar para intentar elaborar un discurso admisible sobre las razones por las cuales un mismo ambiente pluri y *multiverso* contribuye a su vez a la pluralidad y diversidad de las distintas e individuales maneras de ser sujeto dentro de ese entorno. Se considera que es tal relación de causalidad no simple la que se halla implicada.

Dentro de esta dinámica no lineal y compleja, las perturbaciones, en las fluctuaciones de las interacciones neuronales existentes y en las que se están creando, generan, a partir de cada una y de nuevas condiciones iniciales, las reestructuraciones y nuevas estructuraciones nerviosas apropiadas. En consecuencia, el cerebro es autopoyético: se produce a su propia manera y a su propio ritmo. A este hecho podría atribuírsele el origen de su identidad, que sea ese cerebro, y no otro. Se recrea a partir de lo que es y de la forma de su estructura previa, rompiendo la simetría temporal.

Hay la convicción de que ese proceso de estructuraciones-reestructuraciones sigue, por un lado, unas leyes estocásticas, propias de la biogenésis, a la vez que sigue otras leyes, también estocásticas, que se van creando en el mismo proceso, por lo que son leyes emergentes que no existen de antemano; en otras palabras, son leyes de la organización que se van estructurando y reestructurando. Estas leyes se combinan, de manera no predictiva, con las primeras, y es esa combinación la que direcciona todo el proceso hasta el final.

Una vez que cada individuo sale del vientre materno, por un proceso de construcciones y reconstrucciones autopoyéticas y sucesivas, como opciones que se toman al atravesar los diferentes puntos de multifurcación, va creando las estructuras y metaestructuras, en cada uno de los distintos estados estacionarios, que configurarán su propio cerebro. Esas metaestructuras como regímenes de funcionamiento no serán identificables anatómicamente.

El concepto de propiocepción, tanto como el fenómeno del "miembro fantasma" (las personas siguen sintiendo el miembro amputado, que desaparece física, pero no mentalmente), posibilitan proponer la idea de que el cerebro construye una imagen del cuerpo total, aun cuando no de él mismo. Parecería admisible suponer, y es una buena hipótesis, que es a partir de esta imagen y por las interacciones diversas con el entorno, las operaciones con los objetos y en especial con la construcción del lenguaje, que el cerebro elabora representaciones abstractas del mundo y de la persona en ese mundo creado.

Es la construcción y reconstrucción de representaciones e imágenes mentales del entorno, con el cual el neonato emprende el reto de ser ser humano en su entorno, lo que posibilita afirmar que no se parte de cero. El punto de partida es la propiocepción, la cual, a su vez, es la responsable de que cada quien posea una imagen fantasma de sí mismo. Estúdiese para tal efecto, por ejemplo, ese proceso a través del cual los niños, paulatinamente, van corroborando visualmente sus manos, sus piernas y cada una de las partes externas de su cuerpo, a la vez que van construyendo la lengua en la que nacen. Cada quien se hace inteligente de conformidad con sus propios retos; retos que dependen del colectivo al cual desea y decide pertenecer. Desde aquí, él sabe cuáles lógicas requiere.

En este proceso interactúan, de manera no lineal, todos los sentidos, las representaciones e imágenes elaboradas, a la vez que aquellas que se están elaborando. El proceso puede ser expresado en términos de reconstrucción y construcción de nuevas representaciones y formas de representar, en una constante reestructuración y estructuración de esas representaciones; cuyas interacciones fluctúan y sufren perturbaciones.

La elaboración de una estructura de este tipo se constituye en el punto de partida (condiciones iniciales) para la siguiente reestructuración, previa superación del respectivo punto multifurcacional, en el que se opta por una estructura dada, entre todas las posibles que se abren en ese punto; opción que cancela las oportunidades *experienciales* de aquellas otras que se dejaron de lado. La historia de vida evolutiva a la que dan origen esas operaciones es la que hace que la persona se vaya tornando especialista en un pensar y hacer determinados.

Las reconstrucciones y construcciones no lineales y complejas de las reestructuraciones y estructuraciones neuronales (físicas y bioquímicas también) son interdependientes, por fuera de la ley de causalidad que rige en los sistemas mecánicos simples (el reloj, por ejemplo), con las reelaboraciones y elaboraciones no lineales de las estructuras representacionales. Esa interdependencia es la que crea exigencias y limitaciones.

Otra hipótesis que se somete a la respectiva admisión crítica. La autopoyesis cerebral que conduce a la elaboración de las denominadas metaestructuras de neuronas, lóbulos y áreas encefálicas, se ve afectada por las construcciones y reconstrucciones de representaciones mentales o, de otra manera, por las elaboraciones y reelaboraciones de las estructuras de significaciones, formas de significar y de actuar, estableciéndose así una dialéctica inseparable entre la autopoyesis cerebral y la autopoyesis de cada quien como persona, en ese mundo que construye para sí, con los demás, para ser persona en ese mundo y pertenecer a él.

Ideas sobre inteligencia

Se pueden agrupar en cuatro. La propia del saber común y cotidiano, la cual crea miradas, clasificaciones y reconocimientos que conceptualmente y a pesar de sus empleos y efectos, no dejan de ser ingenuas, es decir, poco elaboradas. Se tienen igualmente, la genetista, la piagetana y, hoy, la mencionada teoría de las inteligencias múltiples, de H. Gardner. Hay que decir que las ideas de inteligencia en los saberes comunes y cotidianos, son elaboraciones históricas y culturales, basadas en suposiciones y creencias sobre la naturaleza del ser humano y su encaje dentro de su respectivo entorno.

La inteligencia como propiedad heredada

En cuanto a la genetista o innatista, emparentada lejanamente con la del saber común y cotidiano, si bien como programa de investigación, en los términos de I. Lakatos (1983) es hoy regresivo, existen aún personas que se mantienen en la convicción de que es hereditaria; con tal convicción, la idea de capacidad, aptitud y talento, como algo que le viene dado en los genes a cada quien, aun cuando esté descartada la suposición de que hay un gen o grupo de genes que los transmita.

Es a Francis Galton a quien se le atribuye la invención de las pruebas mentales. Cyril Burt siguió el camino de Galton y se apoyó, para probar su teoría, en el análisis factorial, creado por Charles Spearman (Di Trocchio, F. 1995). Burt parece que utilizó ampliamente las pruebas de inteligencia, con el fin de demostrar que esta cualidad humana estaba determinada por factores hereditarios. Empleando el coeficiente de correlación en el análisis de los resultados, se concentró en los denominados "gemelos verdaderos", especialmente en aquellos que habían sido educados dentro de familias distintas, sin tener en cuenta el problema de que tales gemelos son poco frecuentes y menos aún los criados en forma separada.

Aquí hay ya un problema conceptual y metodológico. Si esos gemelos son poco frecuentes y lo son aún menos aquellos que son criados separadamente, ¿sobre qué bases firmes se pretende fundamentar una teoría hereditaria de la inteligencia, aplicable a la gran y diversa mayoría que conforma la especie humana? Esto no sería desde el punto de vista epistemológico más que una singularidad o, de otra manera, una rareza, si los resultados son confiables, generada por la dinámica no lineal y compleja presentada.

En la actualidad, hay evidencias suficientes para dudar de los resultados de las pruebas de Burt e, incluso, de su aplicación. Todo fue un engaño (Di Trocchio, F. 1995). Desde sus creencias obsesivas, parece que inventó datos y acomodó correlaciones entre ellos para que hablaran a favor de sus hipótesis. Tal situación sugiere que eso de la inteligencia determinada por factores hereditarios no es más que pura ideología; una ideología que busca probar científicamente la supremacía de los blancos sobre los negros y justificar, así, los genocidios del pasado y los que se puedan cometer en el presente y en el futuro.

Desde tal perspectiva, la creencia en el talento, en la aptitud y en las capacidades heredadas carecería de demostración científica admisible. Lo mismo sucedería con la idea de desarrollo de actitudes, competencias, habilidades y destrezas ya que serían simples opiniones ideológicas, y no más. Se trata de un innatismo que refleja, además, una posible pereza mental para construir un discurso distinto. De hecho, este innatismo se aviene con el saber popular y cotidiano y, por tanto, no genera controversias significativas entre quienes no se han ocupado con rigor de dicha temática.

Hans J. Eysenck, discípulo de C. Burt, al lado de Arthur Jensen, alumno a su vez de Eysenck, trataron de imponer en Estados Unidos de Norteamérica las ideas de Burt. Eysenck sostuvo la creencia de que las diferencias sociales de inteligencia poseían una determinación genética. Para él, hay dos grandes categorías de capacidades mentales; llama a la primera propiamente inteligencia (capacidad de razonamiento abstracto) y a la segunda, capacidad de aprendizaje asociativo. Estos tipos de capacidades, según las pruebas que aplicó y la interpretación que hizo de los resultados desde su marco de referencia, resultan diferentemente distribuidas, de acuerdo con las distintas clases y grupos sociales (Eysenck, H. J., 1986).

La capacidad de razonamiento abstracto es una expresión que dice mucho y no dice nada al mismo tiempo. Los seres humanos razonan a partir de las estructuras conceptuales, metodológicas, estéticas, actitudinales y axiológicas que sus propias actividades cognoscitivas, en interacción con sus entornos, les han llevado a construir y a reconstruir en un proceso histórico. Lo abstracto, en oposición a lo concreto, podría remitirse a la diferenciación entre representaciones e imágenes mentales. Por lo que habría que distinguir, por ejemplo, si la familia es una representación o una imagen.

Por otro lado, el aprendizaje asociativo es mecánico y se aparta radicalmente del que se basa en la construcción y reconstrucción de significados, formas de significar y de actuar. Eysenck funda su trabajo en la convicción de que los seres humanos funcionan como máquinas genéticas para el aprendizaje y de que en la gente común y corriente no existe capacidad de razonamiento abstracto, por lo que no pueden acceder a ideas como sociedad, familia y otras semejantes.

Las suposiciones de Eysenck se hallan estrechamente emparentadas con el contenido de un artículo que Richard Heinstein, profesor de Harvard, publicó en 1971. En él, el autor sostiene que la clase social a la que pertenece un individuo está determinada, en gran parte, por las diferencias hereditarias del cociente intelectual (C.I.): los pobres lo son porque son hijos de pobres y, además, estúpidos. Recíprocamente, los ricos son así por ser hijos de ricos y, también, inteligentes.

El cociente intelectual se hereda; a esa conclusión habría que llegar si se admitiera lo que asegura este profesor. De ahí que, a la luz de las investigaciones genéticas actuales, habría que probar cuál es la relación proporcional entre los componentes del ADN que dan origen a esas diferencias entre pobres y ricos.

Para los partidarios de las creencias genetistas, el cociente intelectual es una medida derivada de las pruebas de inteligencia y pretende calcular la situación de una persona en un gráfico continuo entre bajo y alto, sobre una medida definida arbitrariamente como cien (la inteligencia media). Estos especialistas son los que definen la inteligencia en términos de los resultados de las pruebas para medir la inteligencia, algo que revela una pobre conceptualización de lo que son los conceptos métricos y sus relaciones teóricas con los procesos de matematización y de tecnologización, vía la construcción de los instrumentos de medida (Gallego Badillo, R., 1996).

Según Jensen, la hipótesis más aceptable, dados los resultados del cociente intelectual, es que los factores genéticos están muy implicados en la diferencia de inteligencia media entre blancos y negros. Esta hipótesis es, para él, mucho más consistente que las basadas en la influencia de los factores ambientales. Dos anotaciones caben al respecto. La primera, que es necesario acudir a una teoría no lineal y compleja para hacer aparecer el ambiente, tal como ya aquí se hizo. La segunda, si se admiten en gracia de discusión las creencias genetistas, que los blancos serían el paradigma de la inteligencia: inteligencia que iría decreciendo, proporcionalmente, en la medida del oscurecimiento de la piel, hasta llegar a la supuesta estupidez de los negros puros, paradigmas de la no inteligencia.

Se piensa que ya ha sido elaborado un discurso sobre la naturaleza del entorno para no insistir en ello; además, esa mirada sobre los factores ambientales revela gran ingenuidad; fuera de que supone que cada neonato sale del vientre materno conformado para ser lo que será, es decir, programado genéticamente, destinado por el azar de una naturaleza que, por principio, carece de intencionalidades.

B. Spearman, por su parte, planteó que la inteligencia es la capacidad para extraer relaciones y correlaciones. Desde esa perspectiva, diseñó pruebas y concluyó que si se toma una muestra al azar de la población y se le somete a varias pruebas de inteligencia, los resultados de éstas se correlacionan positivamente uno a uno, por lo que se puede suponer que miden lo mismo. El problema teórico profundo es que la correlación no prueba la existencia de una relación de causalidad; fuera de que resulta una reducción extrema suponer que los seres humanos pueden ser asimilados a los puntos aislados de un espacio muestral y, además, que reaccionan mecánicamente a las perturbaciones de sus estructuras *representacionales*.

En conclusión, las ideas genetistas se basan en creencias y suposiciones en las que el intelecto es similar a una máquina, a un artefacto o a un tecnofacto, cuyo régimen de funcionamiento sigue una dinámica lineal. Esto es hoy insostenible, sobre todo porque el cerebro del neonato es autopoyético en relación con las estructuras de significados, de significación y de actuación que va construyendo y reconstruyendo.

La propuesta piagetana

Contra las corrientes genetista y la empiropositivista de los behavioristas, se levantó el trabajo intelectual de J. Piaget. Este investigador sostuvo y probó que el desarrollo intelectual ha de ser concebido como una sucesión de agrupamientos que se generan unos de otros; esos agrupamientos son conjuntos de operaciones lógicas que se comportan como sistemas cerrados y reversibles, análogos a un "grupo" matemático (Piaget, J., 1979).

Nótese el cambio paradigmático propuesto por J. Piaget. No habla explícitamente de inteligencia, sino de desarrollo intelectual, dejando de lado la creencia de que la inteligencia sea una capacidad heredada, definitiva e inmodificable, aun cuando su categoría de desarrollo lleve, de alguna manera, algo de ese lastre. No obstante, refiere ese desarrollo a la elaboración de estructuras, puntualizando en que se generan unas a otras, lo que da pie para introducir el problema de la sensibilidad a las condiciones iniciales, a pesar de que él parte de un sistema cerrado y reversible, concepto que no es aplicable a las organizaciones complejas que rompen la simetría temporal.

Es criticable el hecho de que J. Piaget restringió su trabajo, lo cual, sin embargo, resulta justificable en cualquier investigador racionalista, al examen de una sola lógica. De hecho, no existe una sola y única lógica. Hay que puntualizar que en la actualidad, además de la clásica de Aristóteles, la del tercero excluido, se ha propuesto, por ejemplo, la lógica de los conjuntos borrosos (Holgado, J., 1995), que en una mirada inicial sería la más apropiada para analizar aquello que no es en sí lo que es, ni tampoco es en sí lo que no es, sino que está siendo, como sucede con las organizaciones que evolucionan. La mente que ha inventado esas lógicas diversas a lo mejor funciona siguiendo lógicas que ella aún no ha creado, y lo que es mucho más significativo, por la interacción no lineal y compleja de todas esas lógicas.

Afirma Piaget que un agrupamiento, desde el punto de vista psicológico, corresponde a un estado de equilibrio del pensamiento, esto es, al término o al estado final de una progresión genética (no en el sentido biológico), y no a las leyes de la propia progresión en tanto son leyes del desarrollo intelectual. Dichas leyes, según él, son de orden histórico y, por tanto, no presentan ese desarrollo como un sistema de transformaciones racionales, de forma que cada estado puede deducirse de los otros, siguiendo las relaciones de causalidad de las reglas operatorias pertinentes. Además, agrega que el desarrollo parece escaparse de los agrupamientos, ya que estos sólo expresan cada forma de equilibrio hacia la cual tiende el desarrollo. Si J. Piaget en vez de equilibrio hubiera hablado de estados estacionarios de no equilibrio, la aproximación a las teorías no lineales y de complejidad hubiera sido mejor. Pero esto es algo que se piensa hoy.

Para Piaget (1983) no existen estructuras cognoscitivas innatas, admitiendo que sólo es hereditario el funcionamiento de la inteligencia; funcionamiento que crea estructuras mediante una organización de acciones sucesivas sobre los objetos. La psicogénesis consiste, para él, en la elaboración continua de operaciones y estructuras nuevas. Propone buscar la explicación biológica de las construcciones cognoscitivas en la autorregulación, y no a través de la simple herencia. Según Piaget, el juego de la regulación de las regulaciones es eminentemente constructivo y dialéctico. La autorregulación es común a los procesos orgánicos y mentales, y sus acciones son directamente controlables.

Hay algo crucial en el pensamiento piagetano. Sostiene que el desarrollo de la lógica en el niño (el examen desde una clase de lógica) o en la historia admitida del desarrollo del pensamiento humano, está ligado al de la cooperación de los individuos entre sí; una puntualización que suele ser dejada de lado, intencionalmente o no, en el análisis y la presentación de las concepciones de J. Piaget. No sólo afirma este investigador, porque los signos verbales y los conceptos que intervienen en dicha cooperación dan lugar a un intercambio continuo (mientras que las percepciones y los movimientos individuales, en principio, no lo permiten), sino, y sobre todo, porque las leyes del agrupamiento son, simultáneamente, "condiciones de equilibrio", para el pensamiento individual y, a la vez, reglas y normas para el intercambio social (Piaget, J., 1979).

Esa cooperación, mediada por el intercambio continuo de los signos verbales y los conceptos, ha de ser entendida como una interacción entre significados, formas de significar y de actuar en la que se hace aparecer el otro como igual, con puntos de vista propios y distintos, constituyendo a la diversidad. En este ámbito, la cooperación surge en términos de retos de pertenencia y de competitividad, los cuales exigen, necesariamente, la construcción de operaciones y estructuras nuevas. En un ámbito "plano" y homogéneo en lo conceptual y actitudinal, esos retos no podrían ser factibles. Un ámbito indiferenciado no exigiría dicha construcción.

Por otra parte, J. Piaget (1985) precisa que el desarrollo psíquico consiste, esencialmente, en una marcha hacia el equilibrio. Es, por tanto y en cierto modo, una progresiva equilibración, un perpetuo pasar de un estado de equilibrio hacia otro de equilibrio superior. Afirma que, desde el punto de vista de la inteligencia, es fácil oponer la inestabilidad e incoherencia relativas de las ideas infantiles a la sistematización de la razón adulta. Puntualiza en que las estructuras variables son las formas de la organización mental bajo su doble aspecto: uno intelectual, motor y afectivo y, el otro, por sus dos dimensiones: la individual y la social.

¿Por qué no pensar en que la diferencia entre las supuestas incoherencias relativas de las ideas infantiles y la también supuesta sistematización de la razón adulta puede ser explicable por la multipluralidad de las estructuras conceptuales, metodológicas, estéticas, actitudinales y axiológicas elaboradas por los adultos que hacen que sus estados estacionarios de no equilibrio sean difíciles de alterar, justamente porque esa multipluralidad amortigua o disipa las perturbaciones internas y externas causadas por las fluctuaciones en las interacciones entre ellas, con ellas y con el entorno?

Desde la perspectiva no lineal y compleja, no habría un movimiento progresivo hacia equilibraciones, sino hacia la construcción de estados estacionarios de no equilibrio, no superiores, mas sí diferentes; estados que se mantendrían, dentro de cierto período, por la amortiguación o disipación de las perturbaciones de las interacciones señaladas.

Piaget puntualiza que la organización mental posee dos dimensiones. Por un lado, la intelectual, motora y afectiva; por el otro, la individual y social. En cuanto a lo afectivo, si bien este investigador (Piaget, J., 1985) coloca lo intelectual y lo afectivo en dos polos extremos, lo cierto es que para él no hay actuación intelectual ni afectiva que sean en absoluto puras. En general, existe la convicción de que no es posible adelantar una labor cognoscitiva si ella no se encuentra soportada por el deseo positivo de llevarla a cabo hasta el final, con sus consecuencias previstas. Para hacer algo, hay que afectivamente querer hacerlo. Además, en vez de la categoría "motora", preferimos la de actuación.

Sólo la asimilación de lo humano al plano de la máquina, sea cual fuere el racionalismo que se aduzca, continuaría hoy estableciendo esa separación entre lo racional y lo emocional o entre lo intelectual y lo afectivo. Ambas dimensiones configuran una unidad dialéctica a la que no se le puede aplicar la idea de que el todo es la suma, simple y mecánica, de las partes. La concepción integral, holística y compleja reclama la construcción de un discurso nuevo, no cartesiano, en el cual dicha separación conduce a una concepción incompleta y pobre de lo que es, en sí, el ser humano.

En relación con lo intelectual y lo social, hay que entender que esas estructuras, en cuanto a que lo son de significados, de formas de significar y de actuar, son construcciones de cada individuo en la comunidad, lo que confiere a las organizaciones mentales la dimensión social y, por tanto, la pertenencia de la persona a su colectivo.

Otras concepciones de J. Piaget que merecen ser destacadas son las siguientes:

–   La construcción del lenguaje es la que hace factible un intercambio y una comunicación continua entre los individuos. Es, ante todo, la que permite al sujeto el relato de sus actuaciones, la que le procura el poder de saber reconstruir el pasado y, por consiguiente, el de evocarlo en ausencia de los objetos y las circunstancias que las posibilitaron y a los que se referían y en los que se optó por ciertas y determinadas actuaciones. Es, también, la construcción sobre la cual se funda el ejercicio de predecir hechos futuros. Es esta la fundamentación vital del pensamiento humano: evocar y predecir, razón de la intencionalidad de ordenar, con miras a construir un mundo para sí, desde los otros y con los demás.

Argumenta J. Piaget que es preciso aceptar una maduración del sistema nervioso, pero ésta no constituye una condición suficiente para explicar la formación de las estructuras lógicas, ya que ellas se conforman, poco a poco, en el transcurso del desarrollo intelectual de la persona, en conexión recíproca con la construcción del lenguaje y, sobre todo, en el seno de los intercambios sociales.

La serie de hipótesis, que sería necesario contrastar rigurosamente, ha mostrado las razones por las cuales la maduración (expresión que no cabría) del sistema nervioso no es una condición suficiente para explicar, se diría, la construcción y reconstrucción de las estructuras conceptuales, metodológicas, estéticas, actitudinales y axiológicas, precisamente porque ambos procesos han de ser el fundamento de las respectivas y complejas relaciones autopoyéticas entre ambos procesos, con miras a producir, dentro de cada estado estacionario de no equilibrio, la unidad del ser que es cada quien, desde sí, con los otros.

Se piensa que lo dicho sobre el proceso de reestructuración encefálica del neonato, a partir de su inmersión necesaria e irremediable con su entorno pluri y multiorganizacional, se reencuentra, de otra manera, con lo estipulado por J. Piaget y, en contradicción franca con las ideas genetistas o innatistas. Cada quien se hace inteligente en la medida en que reconstruye y construye significados, formas de significar y de actuar dentro de las posibilidades y oportunidades que le brindan los intercambios sociales o, mejor, las interacciones no lineales, complejas y fluctuantes con su entorno.

Agrega Piaget que hay un requisito básico para la inteligencia: la posesión de un sistema nervioso apropiado, como el que poseen todos los seres humanos. Pero ha de quedar claro que no existe un gen de la inteligencia, que permita su transmisión de padres a hijos, y cuya estructura físico-bioquímica haga a unos más inteligentes que a otros, de manera mecánica. Tal argumento ha de ser descartado.

Con los aportes de J. Piaget, ha de sostenerse, en principio, que ningún ser humano nace en sí inteligente, sino que tal característica distinguidora es una construcción de cada quien, de conformidad con la clase de estructuraciones que elabora, en relación con las interacciones que establece con su entorno pluri y multidiverso. Ninguna persona viene al mundo programado para ser inteligente en algo, apta, capacitada y con talento para ese algo. La inteligencia no es un destino prefijado, contra el cual no haya nada que hacer. De la misma manera, no nace con unas competencias determinadas de antemano.

Las inteligencias múltiples

Hay que leer entre líneas y con detenimiento, a H. Gardner (1986), para darse cuenta que la vertebración de sus argumentos, fundados en las funciones de los lóbulos cerebrales y sus áreas, tiene visos de admisibilidad cuando habla de la inteligencia lingüística; pero comienza a perder coherencia se refiere a la inteligencia músical, sobre todo, porque los seres humanos no hacen música. Esa pérdida se completa cuando trata de explicar los fundamentos de la inteligencia lógicomatemática, esa que permite construir las ciencias experimentales y las tecnologías, sobre la base de referencias a posiciones epistemológicas disímiles, cada una de las cuales no puede atribuirse la verdad acerca de cómo se producen tales saberes.

Habría que pensar, mejor, que todo neonato se enfrenta al reto de construir una inteligencia general desde y apropiada para interactuar dentro y de conformidad con el saber común y cotidiano. Pero este encaje *representacional* y significativo está en relación con las opciones que posibilitan y los puntos de multifurcación generados por las perturbaciones mutuas en las fluctuaciones de las interacciones, creando un régimen de funcionamiento de la actividad cognoscitiva que lleva a una doble posición: la de encajar y la de diferenciarse.

La construcción de esa inteligencia general, en la cual están presentes todas las inteligencias a las que se refiere H. Gardner, interactuando de manera no lineal y compleja, es la condición inicial a partir de la cual cada persona, por lo ya explicado, decide hacerse especialmente inteligente en un saber determinado y, por tanto, se exige a sí misma ser inteligente en ese campo del pensamiento y de la actuación; esto, necesariamente, la obliga a ser inteligente, en su tono y medida, en todas las otras áreas que H. Gardner categoriza como campos de manifestación de las capacidades. Esas otras áreas serían complementarias.

Resulta absurdo pensar que un individuo inteligente en lo musical, lo sea mucho menos en lo lingüístico, en lo lógicomatemático, en lo *cinestésigo*, en lo emocional, en lo de las relaciones interpersonales y, así, sucesivamente. De alguna manera, el optar por una especialización entra a dominar y direcciona las formas de ser y de interactuar, en relación con los otros contextos y con los demás elementos de esos contextos. De hecho, ser músico no impide ser un buen matemático o un buen escritor; aun cuando un músico en particular no se interese por los problemas cognoscitivos propios de los matemáticos.

La inteligencia: una propiedad emergente y reconstruible

El ser humano es histórico. Su historia que no obedece a ninguna programación genética ya que, de ser así, su futuro estaría contenido en su presente y, de forma consecuente, en su pasado; es decir hoy se podría predecir cómo y de qué manera específica sería mañana, algo que los historiadores entrarían a discutir. Si así fuera, cabría preguntar las razones por las cuales la civilización de los faraones terminó por desaparecer; lo mismo debería cuestionarse en relación con el proyecto griego, que inventó a Occidente, y con respecto a los de Roma y Bizancio, cuyos logros, si bien constituyeron para la civilización condiciones iniciales, desaparecieron.

Nadie estaría en condiciones juiciosas para sostener que tales organizaciones no fueron, en su época, inteligentes; que la desaparición de lo que crearon no fue manifestación genética de una estupidez propia del cociente intelectual que tenían. ¿Cómo no atribuir al pueblo de Nínive, que inventó la escritura, la posesión de esa inteligencia especial que fue capaz de recoger en representaciones cuneiformes el pensamiento? ¿Cómo negar a los bárbaros la inteligencia, en razón de que sus constructos culturales, sociales, económicos y políticos no se avenían con los elaborados por Roma y Grecia?

¿De qué manera es afirmable que los aztecas, los mayas y los incas, para citar a las civilizaciones americanas más destacadas, eran menos inteligentes que las griegas y romanas, sencillamente porque sus almas estaban cubiertas por una piel oscura? ¿Cuáles son las razones por las que, en un momento dado de su historia, un pueblo decide colectivamente lanzarse hacia la construcción de grandes y maravillosas empresas para, después de un período considerable, derrumbarse y caer en el anonimato? La explicación, sin dudas, no puede ser biológica (Lewin, R., 1995).

La inteligencia es una propiedad que surge de las interacciones colectivas que cada organización humana posibilita; estas crean las condiciones dentro de las cuales cada uno de sus miembros, desde sí y con los otros, decide hacerse inteligente para encajar en la organización; él será mirado como inteligente en la medida que se produzca ese encaje, es decir, si este es exitoso. La organización, en las interacciones que la regulan, establece los retos y las actuaciones que cada uno ha de aceptar y realizar para ser inteligente dentro de la organización. Esa organización es históricamente construida y se plasma en lo cultural, lo social, lo político y lo económico, estructura que crea una valoración, una axiología de la inteligencia y de lo que significa ser inteligente en su interior. Tal valoración penaliza y estimula ciertas y determinadas orientaciones de la actividad cognoscitiva, hasta el punto de que los creadores de nuevas posibilidades de ser y de estar de la sociedad pueden ser reconocidos o relegados al ostracismo.

La comunidad, de acuerdo con sus intereses culturales, sociales, políticos y económicos, impulsa y premia, concediendo un lugar destacado a los innovadores, en especial si esa comunidad es abierta y se relaciona competitivamente con otras. Una comunidad cerrada está regulada por sistemas de creencias míticas en las que el ser humano no puede ser creador, sino imitador y seguidor al pie de la letra de normas y formas de pensar y concebir el mundo propias de la tradición, sus innovadores son vistos y tildados de locos, negándoles cualquier oportunidad para reconstruir y construir de nuevo esas ideas perturbadoras. Los grupos terminan por aislarlos socialmente y se burlan de ellos cuando intentan explicitar su concepción alternativa. El colectivo, históricamente y en el seno de la cultura que ha elaborado, es inteligente y reclama de sus miembros, por lo menos, una inteligencia equivalente.

De acuerdo con lo anterior, no sería factible, en primer lugar, construir un concepto de inteligencia y un instrumento para su evaluación de naturaleza universal. En segundo lugar, resultará imposible porque la inteligencia es una propiedad colectiva "emergente", que depende de la historia de cada comunidad. La inteligencia no se halla en el individuo, sino en el colectivo al cual pertenece y, en cuanto pertenece, el individuo está involucrado y comprometido con la historia de su propio colectivo.

¿Cómo explicar que pueblos enfrascados en interacciones que, en relación con las de otros, fueron miradas como poco inteligentes o bárbaras, hayan cambiado colectivamente después en un momento de su historia? Esto no es predecible, sobre todo, porque a partir de lo que son y desde su propia dinámica llegan a un punto de multifurcación en el que colectivamente optan por ser otro pueblo, otra comunidad, y construir otra inteligencia y otras competencias, habilidades y destrezas.

De ser así en relación con la inteligencia, algo análogo habría que pensar en cuanto a las actitudes, las competencias, las habilidades y destrezas, para sustentar que obedecerían a construcciones y reconstrucciones de carácter colectivo y comunitario. Cada comunidad puede poseer los argumentos y los mecanismos para que nadie sea más inteligente, competitivo y apto de lo que ella ha establecido, sobre todo si se trata de organizaciones cerradas. Con esto limita y establece un cerco a la inteligencia, con miras a preservar la estructura cultural, social, política y económica dentro de la cual funciona. Para una organización social abierta, estos argumentos, mecanismos y situaciones serían sencillamente estúpidos.

El cambio surge de la dinámica no lineal de las complejas interacciones que sus miembros mantienen entre sí y con su entorno. Podría sostenerse que hay un período en el que ese pueblo encerrado en sí mismo se abre a las interacciones con los otros, apertura que provoca especiales perturbaciones que comienzan a dominar todo el colectivo, entrando, en consecuencia, en un punto general de multifurcación donde se le abren nuevas y distintas posibilidades de historias de vida en lo cultural, lo social, lo político y lo económico. La opción por una de ellas, además de cancelar las otras, deja atrás su pasado y la lleva a otra forma de ser y de hacer. La condición de apertura, y hay que ser claro al respecto, crea las condiciones para que, en la especificidad de cada individuo, ese punto de multifurcación tenga características particulares, de tal forma que las opciones no sean, en rigor, equivalentes. La complejidad de ese pueblo se acrecienta.

La construcción de competencias

Desde la propuesta chomskiana se asumió que las competencias estaban relacionadas con las actitudes. Retomando a H. Gardner, se vio la necesidad de lanzar una mirada a las ideas sobre la inteligencia ya que, de alguna manera, esta cualidad tiene mucha vinculación con el tema que se estudia. Se asumió la posición de que las actitudes se construyen, y en esta propuesta inciden muchos factores; de ahí que se afirmara que nadie nace con actitudes para desempeñarse en algo. De la misma manera, se procedió con la inteligencia, para tomar distancia de las creencias que suponen que las capacidades, las aptitudes y los talentos son congénitos. Para ello se trabaja con individuos normales desde el punto de vista de su estructuración neuronal.

Además, las competencias son conceptuales, metodológicas, estéticas, actitudinales y axiológicas; también tienen un carácter complejo y requieren de una teoría de la complejidad para elaborar un modelo que se ajuste a ellas. Cualquier reducción que se intente cierra la posibilidad de elaborar un discurso mucho más enriquecedor, tanto en lo teórico como en lo práctico. La complejidad hay que comprenderla en relación con el hecho de que los componentes de esa estructura son, a su vez, estructuras. Así, a partir de lo actitudinal, es necesario postular que las competencias son afectivas desde el punto de vista positivo. Tal afectividad positiva no sólo se manifiesta hacia el saber del cual se trate (la erótica hacia ese saber), que lo convierte en objeto del deseo y de la posesión, sino que, también, hacia aquellos miembros del colectivo (que se hallan dominados por el mismo deseo) y con quienes y entre quienes se establecen relaciones que trascienden una simple amistad.

La posición resulta clara y no conlleva a engaños: nadie viene al mundo con unas competencias potenciales heredadas. Al igual que la inteligencia y las actitudes, las competencias son construcciones y reconstrucciones de cada individuo en el seno de una comunidad o, mejor, son las interacciones de una persona con un colectivo, las cuales le hacen competente en esa clase de saber que el grupo domina. Por tal razón, son los miembros del colectivo quienes dan fe de la calidad y de la excelencia de las competencias construidas y reconstruidas, sin que esto conlleve a que el individuo sea un clon de esa comunidad.

Si las competencias se relacionan con las actitudes y con la inteligencia, parece lógico concluir que las primeras son también construcciones de cada persona: un fruto de las interacciones fluctuantes de sus estructuras cognoscitivas, y de éstas con su multidiverso entorno. Habrá que postular, entonces, que la elaboración de las competencias aparece como una necesidad de la razón, del comprometerse e involucrarse con tales interacciones. De igual manera, puede decirse que el reto de optar por una vida *experiencial* específica, cuando ella es fruto del atravesar distintos y diversos puntos de multifurcación, exige delimitar la clase de competencias que han de ser construidas para hacer factible y satisfactorio el nuevo rumbo de la vida *experiencial* elegido, según la exigencia que cada quien se da a sí mismo.

La anotación anterior reviste particular importancia. Si se es coherente con el modelo no lineal y complejo que ha sido adoptado, en consecuencia habrá que sostener que las competencias construidas antes de aparecer cada punto de multifurcación constituyen condiciones iniciales para la construcción de las competencias que se requieren de conformidad con las opciones de vida decididas; es decir, en este reto nadie parte de cero, sin importar el tipo y la calidad de las competencias ya elaboradas. Por el contrario, han sido revisadas y reconceptualizadas con miras a ser transformadas, de manera constructiva, en las que se necesitan. Incluso, puede ocurrir que en dicho proceso se parta de las existentes y en contra de las mismas, en términos de una revisión radical. Como consecuencia, es preferible referirse a una dinámica desde la óptica del par construcción-reconstrucción.

Ese proceso de construcciones y reconstrucciones no ocurre aisladamente. Cada persona elabora sus competencias en la medida en que los otros miembros del colectivo se encuentran involucrados con la misma actividad y con el mismo saber objeto de dominio. Las competencias que construye y reconstruye cada uno se convierten en un reto para el otro, si realmente éste se halla comprometido e involucrado. Las interacciones no lineales y fluctuantes entre los miembros del colectivo son las que producen las transformaciones y marcan la pauta en lo que a calidad y excelencia se refiere.

La rivalidad deberá ser entendida de manera positiva, en el interior de una dialéctica entre el competir y el colaborar. En efecto, esto es así porque, desde lo afectivo de las competencias, cada uno de los que elabora una erótica por un saber dado establece en los otros una especial relación de afectividad, mediante la cual comparten ideas, experiencias e información. Dicha afectividad parte de la conciencia de que sin el otro ningún individuo puede mantenerse en ese estadio de reconstrucciones y construcciones. De ahí, pues, la necesidad de creación del grupo; lo que le confiere a las competencias su dimensión colectiva.

¿Cómo se relacionan la construcción y la reconstrucción de las actitudes con algo análogo de las competencias? Una respuesta puede ser que nadie desarrolla competencias ni se hace competente en un campo de actividad cognoscitiva que desconoce. Si ese campo no ha sido creado y, tampoco constituye un patrimonio colectivo, es entonces una elaboración inicial de la persona; y en la medida en que lo vaya estructurando, irá construyendo las competencias requeridas por tal estructuración; y en ese proceso, tampoco se parte de cero.

No es posible entrar en un proceso de construcción y reconstrucción de las competencias, dentro de las connotaciones teóricas ya explicitadas, si a la par, y de manera comprometida, la persona no construye y reconstruye las actitudes positivas apropiadas para un saber determinado. Se trata de dos actividades cognoscitivas que interactúan no linealmente, apoyándose la una en la otra; en especial, porque ambas se centran y parten del deseo de posesión, con excelencia, de ese saber. En otras palabras, las dos actividades tienen como horizonte de sentido la posesión y el dominio competitivo de dicho saber. Por otro lado, hay que considerar lo volitivo de lo actitudinal, que le confiere un sello análogo a las competencias, es decir, las competencias se distinguen, también, por su carácter volitivo.

El papel del ser humano en ese mundo (que no es el mundo en sí, sino una del mismo), está delimitado por dicha actividad que produce supocisiones, creencias, esquemas y modelos del mundo.

Si se parte de la categoría de modelo, parece aceptable que éste crea un cuadro orgánico del mundo que delimita, a la vez que elabora una representación *actuacional* del individuo en ese cuadro. Al ser así, puede esperarse que en la construcción del modelo intervengan compromisos afectivos de naturaleza positiva, los cuales estimulan el trabajo para elaborar el modelo, por una parte, y, por la otra, generan la confianza de que dicho modelo es el más adecuado para la ordenación perseguida. Tales compromisos afectivos han de suministrar la energía para sostener, igualmente, las competencias que se precisan con el fin de llevar a cabo esa construcción.

Podría afirmarse, por tanto, que nadie elabora competencias dentro de un campo de actividad cognoscitiva y actuacional en el cual y para el cual no ha construido actitudes positivas; en otras palabras, si una persona no se enamora de un campo dado, ni se compromete con él, entonces no se dedicará a construir y reconstruir las competencias que necesita. Es así porque no dispondrá de las energías emotivas para tal efecto, lo cual sucede en el caso de una actitud neutra, o sea, cuando no le interesa; lo mismo acontece si esa actitud es negativa ya que ha generado un rechazo o una animadversión hacia todo lo que tenga que ver con el campo de la actividad cognoscitiva.

Si lo actitudinal tiene un carácter volitivo, la construcción de competencias pone en juego la voluntad, puesto que produce un trabajo. Éste requiere de un compromiso, de que la persona se involucre con la intencionalidad que se ha dado a sí misma. El individuo debe adelantar tal construcción y reconstrucción si realmente desea ser competente en el campo de sus preferencias. Detrás del esfuerzo existe una voluntad de dominio cognoscitivo, de ser el mejor: esa intencionalidad de ordenar un ámbito, para controlarlo, intervenirlo, regularlo, transformarlo y servirse de él.

Todo lo mencionado hasta ahora presupone una valoración, la cual se realiza desde múltiples y complejos aspectos; entre ellos, puede citarse la respuesta en torno a si vale o no la pena darse a la labor de construir y reconstruir unas competencias determinadas, en un campo que posee una baja estima cultural, social, política y económica. En otras palabras, si en un futuro mediato, se recibirán o no los reconocimientos y se adquirirán las posiciones que han de conferir los esfuerzos realizados. Sin lugar a dudas que también participan las valoraciones intrínsecas que hace la persona misma, en cuanto a que se representa en ese futuro mediato, en relación con su entorno, desempeñando el papel en que quiere ser competente. La decisión está relacionada con la manera fluctuante como interactúan todos estos aspectos (inclúyanse las valoraciones particulares de personas cercanas y alejadas de los círculos grupales), lo cual crea un tipo de voluntad.

El reto de elaborar y reelaborar competencias específicas no es independiente del contexto cultural, social, político y económico. Unas son las competencias que se construyen en un medio rural y otras las que se generan en un entorno urbano. Algo similar sucede si se trata de una sociedad cerrada o abierta y planetaria; o sea, no es lo mismo cuando en esa sociedad se compite desde el saber que cuando, por el contrario, impera en ella una cultura mafiosa, donde dominan la corrupción, los privilegios de unos pocos y se puede obtener lo que se persigue a través del soborno, de las influencias mediadas por el amiguismo o de las deudas por favores especiales prestados.

Cabe aquí la pregunta sobre las razones por las cuales las competencias son objeto de construcción y de reconstrucción, es decir, la interrogante acerca de dónde parte y en qué se sustenta la actividad cognoscitiva. Una aproximación se fundamenta en el hecho de que la posesión y dominio de un saber dado es un proceso que no ocurre de la noche a la mañana; posesión y dominio que se aparta de la restringida memorización. Ese proceso, que procede también por construcciones y reconstrucciones, se realiza a través de sucesivos enfrentamientos con la estructura disciplinar, enfrentamientos que pueden ser como un constante regresar a la estructura, como una revisión de las contrucciones previas. Esta revisión afecta, igualmente, las actitudes y las competencias elaboradas. Sumido el individuo en esta actividad cognoscitiva, construye la idea de que tal saber no es un producto terminado, que son factibles otras versiones alternativas, fuera de que ese saber es en sí un sistema de producción.

Inteligencias, actitudes y competencias

A partir de J. Piaget, ha quedado demostrado que la inteligencia es específica, por un lado, y, por el otro, que es una construcción de cada individuo en comunidad, con los otros y desde los otros. De la misma manera ocurre con las actitudes: son construcciones de cada quien con los demás. Inteligencia y actitudes son inseparables puesto que se codefinen y apoyan mutuamente, hasta el punto de que para ser inteligente en algo hay que haber elaborado actitudes positivas hacia ese algo. Esas actitudes positivas comprometen a cada individuo en la construcción paulatina de la inteligencia, inteligencia que, según Piaget, es actuacional, conceptualización esta que refuerza su interacción con lo actitudinal.

Si el par inteligencia-actitudes es una construcción, no cabría en el discurso alusión alguna a la categoría de desarrollo. En primer lugar, porque supone que aquello que es objeto de desarrollo, es algo con lo que se cuenta, en forma incipiente o de manera potencial, y, como se sostuvo, ningún ser humano nace inteligente ni tampoco viene apto para desempeñarse en algo concreto, predestinado para ejercer este o aquel oficio. La categoría de desarrollo implica, además, la existencia, por lo menos, de dos conjuntos completamente diferenciados. El que agrupa a los no desarrollados y el que comprende a los desarrollados, siendo éste el modelo o la meta a la cual, irremediablemente, han de dirigirse quienes pertenecen al primer grupo. Los miembros del segundo conjunto constituyen el patrón de evaluación.

En segundo lugar, la categoría de desarrollo es unidireccional; su meta es alcanzar el estado máximo de desarrollo, más allá del cual no habría más nada que hacer; algo así como la verdad absoluta que una vez alcanzada, dejaría sin ocupación a la actividad cognoscitiva. Todo desarrollo implica un modelo, y éste delimita una meta, también única, por lo que habría sólo un modelo, el cual dirigió y practicaron los integrantes del conjunto de los desarrollados. Desde tal perspectiva, se excluiría la posición de la dinámica no lineal y compleja y, por tanto, la existencia de la diversidad.

Se excluye, igualmente, la categoría de perfeccionamiento debido a que más allá de lo perfecto no hay nada más. Por eso, ni la inteligencia ni las actitudes son tampoco objeto de perfección, ya que ellas se constituyen en una especie de techo, al cual, una vez alcanzado, no sigue ninguna otra meta. Lo perfecto implica también un modelo único que ha de tomarse siempre como referencia y hacia el cual hay irremediablemente que dirigirse. Conlleva, además, la idea de imitación y, por tanto, la de uniformización, suprimiéndose la diversidad: todos tienen que ser como el modelo lo establece. Agréguese que lo perfecto se vuelve una obsesión, paraliza la creatividad, sobre todo si se piensa que es inalcanzable.

Las categorías serían entonces las del par construir-reconstruir, el cual se inscribe en una óptica teórica distinta y establece sutiles diferencias con el discurso *desarrollista* de las llamadas y aceptadas capacidades preexistentes o potenciales que, además, posee veladas posiciones racistas, discriminatorias y exclusivista. Para construir se requiere de un proyecto y de la intencionalidad de crear algo que no es propio ni surge de la naturalidad del mundo. Todo proyecto es un proceso, y es dentro de él que surge la necesidad de las reconstrucciones. Cada proyecto es creador de futuro, por lo que rompe la simetría temporal que permite distinguir entre el pasado, el presente y el futuro. La existencia de dos conjuntos, uno con personas no desarrolladas y el otro con las desarrolladas, significa admitir tácitamente que el futuro se encuentra contenido en el pasado, por lo que, de ser así, no habría construcción, sino el seguimiento de esquemas repetitivos y de pautas discernibles: un sistema mecánico simple.

La ruptura de la simetría temporal inherente al par construir-reconstruir se fundamenta en la convicción de que su dinámica es no lineal, en la medida en que cada etapa del proceso puede conducir a un nuevo punto de partida o, mejor, a un punto de multifurcación, a partir del cual se decide la siguiente etapa y los procesos correspondientes. La construcción y reconstrucción a la que se alude no es la construcción y reparación, por ejemplo, de un puente.

Hay en los párrafos precedentes una connotación que no puede ser pasada por alto. La construcción y reconstrucción inherente al par inteligencia-actitudes implica la necesidad de afirmar que este proceso se lleva a cabo en el interior del proyecto de vida que cada quien, intencionalmente, ha sabido darse. Además, como proceso en sí, significa que se inscribe en una doble condición de temporalidad: la interna, definida por la misma dinámica no lineal de la actividad cognoscitiva, y la externa, con la cual interactúa, delimitada por las dinámicas no lineales e interactuantes de las actividades cognoscitivas de los otros.

La conclusión parece obvia. El hacerse inteligente y acto en algo sólo es posible si la intencionalidad se pone en función del proyecto y, por tanto, si es entendida como un proceso mediante el cual cada persona opta por un horizonte de sentido, buscando crearse un futuro distinto. En el interior de dicha categorización, caben y aparecen las construcciones, tanto de la inteligencia como de las actitudes individuales. Estas construcciones y reconstrucciones surgen al ser atravesados los puntos de multifurcación, por lo que siguen una dinámica no lineal y compleja. El par inteligencia-actitudes es autopoyético, produce su propia estructuras; una autopoyesis en la que cada una de las estructuraciones anteriores constituye la condición inicial de la siguiente; sin embargo, la estructuración nueva no es consecuencia directa de esas condiciones iniciales, precisamente porque ella es una opción, entre tantas, que toma el individuo en cada punto de multifurcación creado por esa dinámica.

Si la inteligencia y las actitudes no son capacidades preexistentes a desarrollar, habría que afirmar que sus construcciones y reconstrucciones, entendidas como procesos, se alimentan de su propia actividad y de las estructuras que van apareciendo a partir de ellas, convirtiéndose tales estructuras en nuevas condiciones iniciales, nuevos puntos de partida que reorganizan y redireccionan la misma actividad cognoscitiva. Dicho de otra manera, el par inteligencia-actitudes crea y recrea sus propias metas y con esas recreaciones, su propio tiempo.

Dada la relación establecida con las estructuras conceptuales, metodológicas, estéticas, actitudinales y axiológicas, las competencias no podrán ser miradas a partir de discursos *desarrollistas*, ni tampoco serán objeto de perfección. Las competencias no son capacidades preexistentes a desarrollar, sino construcciones objeto de reconstrucciones. Nadie nace determinado de antemano, con una serie de competencias, porque de ser así estaría predestinado para la ejecución de un trabajo o de una labor específica.

Las competencias no pueden ser construidas de manera aislada, por lo que conviene postular que dicha construcción procede por emergencia, es decir, de las interacciones fluctuantes de otros factores. La hipótesis consecuente es, entonces, la que sostiene que ellas se codefinen y adquieren explicación existencial en el interior del par inteligencia-actitudes. Desde la perspectiva actuacional aludida y puesto que se planteó que las competencias son actuacionales, el trío sobre el cual habría que conceptualizar es: inteligencia-actitudes-competencias, el cual no puede ser desarticulado, ni ser mirado en términos de prioridades, sin renunciar a la holística que le confiere sentido a cada uno.

Si la autopoyesis se planteó para el par inteligencia-actitudes, parece ser obvio que hay que admitirla para el trío inteligencia-actitudes-competencias.

Siguiendo este orden de ideas, la inteligencia, las actitudes y las competencias que cada individuo construye y reconstruye dimanan de las interacciones con el entorno, el cual, por razones históricas (en lo cultural, lo social, lo político y lo económico) establece que la inteligencia, las actitudes y las competencias son deseables y válidas. Mucho más allá, un entorno pluri y multiorganizacional crea diversos ámbitos de actuación sustentados por diversas comunidades de especialistas, los cuales se configuran en "focos" de atracción, en cuanto llaman a pertenecer a ellos y plantean retos distintos a quienes deciden vincularse.

Un examen crítico de las maneras como proceden las construcciones y reconstrucciones de las competencias demuestra que ellas se revierten, indispensablemente, sobre los procesos de construcciones y reconstrucciones de las actitudes y de la inteligencia. Esta revisión puede llevar a establecer que las actitudes construidas no están aportando, desde lo afectivo, las energías motivacionales requeridas, o que la inteligencia, operacionalmente hablando, es insuficiente es decir, no ha hecho relecturas y no se ha exigido salir a otras imaginaciones y propuestas alternativas.

Esta circularidad tácita expresada en el párrafo anterior precisa de una nueva lógica, de una mirada no cartesiana ni aristotélica del problema de cómo la inteligencia, las actitudes y las competencias se construyen y reconstruyen como totalidad, por lo que el estudio del proceso, tomando como punto de partida cualesquiera de estos componentes, obliga, al mismo tiempo, a considerar los otros.

Una educación centrada en la construcción y reconstrucción de competencias tiene que serlo, también, en las actitudes y en la inteligencia. No obstante, si se dijo que la inteligencia es una propiedad de cada colectivo, según lo cual cada quien, como miembro del mismo, se hace inteligente de acuerdo con la clase de interacciones que mantiene con su comunidad, algo análogo habría que sostener en relación con las competencias. Son propiedades emergentes y propias de cada colectivo, en cuanto es éste el que crea unos ámbitos actuacionales propicios para que cada uno de sus integrantes construya y reconstruya las competencias sin las cuales le resulta bastante complicado pertenecer al colectivo con la calidad exigida.

Admítase lo mismo en lo que se refiere a las actitudes. Cada colectivo humano construye espacios que reclaman las elaboraciones y reelaboraciones de ciertas y determinadas actitudes de sus miembros porque son ellas las que posibilitan mantener o impulsar el proyecto cultural, social, político y económico que comunitariamente ha sabido darse.

Si todo lo anterior es admisible, entonces hay que postular que el trío inteligencia-actitudes-competencias constituye una triangulación compleja de interacciones que da origen a las estructuras autopoyéticas que caracterizan tanto a los estados estacionarios de no equilibrio de una comunidad como a la dinámica no lineal que regula sus propias reestructuraciones. De ser así, algo similar ha de suceder con las estructuras conceptuales, metodológicas, estéticas, actitudinales y axiológicas, en el interior de las cuales esas interacciones humanas adquieren sentido y, por causa y efecto, operan las reestructuraciones.

Puede ocurrir que dentro de una comunidad dada, uno de sus miembros (por amplificación al azar de una de las perturbaciones en las interacciones fluctuantes internas produzca estructuras no amortiguadas o disipadas) opte por un régimen existencial de funcionamiento distinto al del colectivo, de manera que parezca ante los demás como más inteligente, más apto y más competente. Ese grupo podrá asimilarlo como una singularidad, y trataría a toda costa de neutralizarlo. La extrañeza, incluso, podrá ser asimilada a locura. Dentro de ciertos márgenes de variabilidad tolerada, nadie debe ser más inteligente, más apto y más competente de aquellos límites establecidos. Por tanto lo anulan y se convertirá en un fracasado porque todas las oportunidades le serán cerradas.

Competencias, lo pedagógico y lo didáctico

Las preguntas que orientan este numeral exploran la posibilidad de enseñar las competencias y, por tanto, de aprenderlas. De conformidad con lo explicitado a lo largo de este libro, tales interrogaciones carecen de sentido o, mejor, están prohibidas. Lo mismo sucede con la sospecha de si cabría o no hablar de enseñanza y de aprendizaje en los contextos de la tradición educativa, en sus diferentes épocas históricas y con los cambios paradigmáticos exigidos, sobre todo, si se circunscriben a la transmisión y memorización de información.

El colega y amigo Gonzalo Arcila, psicólogo y profesor colombiano que se ha ocupado de los problemas educativos, en conversaciones y comunicaciones privadas ha manifestado su oposición teórica a que en las nuevas conceptualizaciones se siga conservando el concepto de aprendizaje, precisamente porque fue el concepto central de la psicología behaviorista y, en especial, de la corriente del conductismo operante. Sostiene el profesor Arcila que en teorizaciones como las que aquí se han expuesto, dicho concepto reduce los planteamientos realizados sobre la actividad cognoscitiva y se regresa, por tanto, al mecanicismo.

El problema aparece por cuanto se toca con la tríada holística inteligencia-actitudes-competencias, conceptualizada dentro de la óptica de la dinámica no lineal y de la teoría de complejidad, en las cuales la interacción enseñanza-aprendizaje ha de separarse de la transmisión y repetición de la información. De hecho, y dentro de esta perspectiva, cabe preguntar sobre la posibilidad de hacer al otro inteligente ¿Existe de antemano una meta de inteligencia y un patrón para evaluarla?

Aulas lineales y aulas no lineales

El transmisionismo repeticionista se ha fundado, o por lo menos así parece serlo, en la relación simple de causalidad. El profesor enseña (causa) y el alumno aprende (efecto) o mejor el primero transmite una información (causa) y el segundo memoriza y repite dicha transmisión (efecto). La exigencia es que esa repetición sea al pie de la letra, es decir, exacta en su contenido. Subyace aquí la criticada convicción de que el conocimiento se transmite. Se trata de un aprendizaje memorístico que ha sido objeto de críticas rigurosas, especialmente en el campo de la pedagogía y la didáctica de las ciencias experimentales.

La linealidad de este modelo se vio reforzada con la prohibición de que los alumnos interactuaran entre sí en el aula durante la clase y con el profesor mientras éste estuviera dando la lección. Agréguese que el aula, además, era asumida como una especie de sistema aislado, ordenado así para que el control y la intervención produjeran el efecto lineal esperado en las relaciones de proporcionalidad deseadas: la cantidad de información transmitida tenía que ser igual a la memorizada y repetida.

Concebida de esta manera, el aula era un sistema mecánico sobre el cual se podía hacer predicciones, esperando que ellas se cumplieran tal como habían sido adelantadas de antemano. En los casos en que no sucedía lo previsto, las explicaciones eran traídas de discursos diferentes a los de la pedagogía y la didáctica, aludiendo a la estupidez de los estudiantes, por ejemplo, o a la pereza y falta de dedicación de los mismos. El problema de las actitudes brillaba por su ausencia.

Un aula no lineal, por el contrario, es aquella donde todo se ha organizado para posibilitar las interacciones estudiante-estudiante, estudiante-profesor y de todos y cada uno de ellos con el saber objeto de estudio. Puesto que este saber circula en forma de información especializada, entonces al aula hay que hacer concurrir los diferentes textos y documentos relacionados con ese saber objeto de estudio y, en la actualidad, hay que agregar la disponibilidad para acceder a las redes electrónicas de información.

Esas interacciones fluctúan y generan perturbaciones en las estructuras conceptuales, metodológicas, estéticas, actitudinales y axiológicas, con las cuales los estudiantes ingresan al proceso y a partir de las cuales realizan sus primeras interpretaciones. Tal situación origina un aprendizaje no lineal, en virtud de que las perturbaciones producen puntos de multifurcación en las respectivas actividades cognoscitivas de los estudiantes. Es decir, ellos no aprenden por acumulación lineal de la información.

En general, se puede sostener que es todo el colectivo el que aprende, incluido el profesor, dado que esa no linealidad da paso y se fundamenta en la creatividad: la reconstrucción y construcción de nuevos significados, formas de significar y de actuar sistemáticos. En esa actividad creativa y abierta al futuro, surgen ideas sorprendentes, sobre las cuales el grupo debe detenerse para pensarlas, reflexionar sobre ellas y someterlas a contrastación rigurosa.

Si es afirmable y admisible que un aula lineal es *bruta*, de la no lineal hay que decir que es *inteligente*: se trata de una organización que aprende de su propia experiencia. La atribución de estupidez se hace desde la convicción de que funciona como un grupo mecánico en el que se cumple la simetría temporal. En el aula inteligente, el colectivo evoluciona, estableciendo distinciones entre el pasado, el presente y el futuro. De esta manera, se corre el riesgo de que las predicciones no se cumplan en sus especificidades o que las relaciones de causalidad resulten sorprendentes.

Si cada etapa del proceso constituye siempre una nueva condición inicial que lo reorienta, la planeación, tal como hasta ahora se ha venido practicando en las aulas lineales, tiene necesariamente que ser reconceptualizada para que encaje en la no linealidad. La administración tayloriana y fordista, apropiada para procesos de instrucción conductistas, de memorización y entrenamiento en habilidades y destrezas mecánicas, queda superada y debe ser abandonada.

Si se extiende lo comentado del aula a la totalidad de la institución educativa, se cuenta entonces con una organización escolar no lineal que aprende de su propia labor. Es, a todas luces, una *institución educativa inteligente.* Tal característica se afianza si ella, a su vez, interactúa con su entorno multi y pluriorganizacional, tanto en lo cultural y social como en lo político y económico. Esa institución es una organización abierta, muy diferente de las cerradas y, mucho más, de las aisladas.

La no linealidad de su régimen de funcionamiento, que la caracteriza como inteligente, acta y competente, en un estado estacionario de no equilibrio, permite que su inteligencia, sus actitudes y sus competencias sean objeto de reconstrucción y de nuevas construcciones por parte del colectivo de profesores, los alumnos y del personal administrativo. Se trata de una institución educativa que encaja permanentemente en un entorno también cambiante. Incluso, lidera esas transformaciones por cuanto, desde su actividad cognoscitiva comunitaria, propone posibilidades novedosas y rumbos factibles. También, es propositiva porque va delante de los acontecimientos.

El caso del aprendizaje

Si aprender no es repetir información ni tampoco entrenarse para el seguimiento al pie de la letra de algoritmos preestablecidos, entonces la inteligencia no debe ser entendida como un dispositivo mecánico de archivo, similar a aquel por el cual cualquier tecnofacto computacional es inteligente; en consecuencia, el ser humano no funciona con la misma lógica de lo que él ha producido, pues esto querría decir que sólo está programado para generar las respuestas a las preguntas dadas y que no sabe qué hacer cuando se cambian esos interrogantes. De hecho, es el mismo ser humano quien cambia las preguntas y, por tanto, se exige a sí mismo la elaboración de otras soluciones.

El aprendizaje humano tampoco puede ser visto desde la perspectiva del establecimiento de rutas neurológicas que comprometen, de una única y especial manera, áreas y lóbulos neurológicos, sobre todo porque, desde las teoría de los sistemas dinámicos no lineales y la complejidad, resulta inadmisible una visión del encéfalo en términos de cables y soldaduras. Las neuronas y sus respectivas organizaciones no son transistores y *microship*, aun cuando la metáfora resulte cómoda, algunas veces, para cierto público.

Aprender es construir y reconstruir la tríada inteligencia-actitudes-competencias o expresado de otra manera, estructurar y reestructurar las estructuras conceptuales, metodológicas, estéticas, actitudinales y axiológicas en una dinámica no lineal, la cual no se somete a la conservación de la simetría temporal, ya que se caería en la convicción de que la actividad cognoscitiva posee un régimen de funcionamiento análogo al de un reloj.

Por otro lado, si el proyecto pedagógico y didáctico se funda en la construcción y reconstrucción de competencias, no puede centrarse en el desarrollo de habilidades y destrezas ni tampoco en el uso de un saber porque, de ser así, de nuevo se caería en el compromiso de que hay un modelo, una forma válida de mirar el mundo y unas estructuras conceptuales, metodológicas, estéticas, actitudinales y axiológicas verdaderas. De esta manera, el proyecto tendría un compromiso manifiesto con la lógica inductivista.

El reto radica en elaborar un concepto de aprendizaje que abandone los fundamentos empiropositivistas y, por tanto, behavioristas y conductistas. El nuevo concepto de la tríada: inteligencia-actitudes-competencias.

En el aprendizaje memorístico, por lo general, la acción mecánica se limita a repetir para guardar, de manera aislada (Ausubel, D., Novak, J.D.; y Hanesian, H., 1983) y en la memoria neurofisiológica, la información, lo cual se supone ocurre en las aulas de las instituciones educativas signadas por la dinámica lineal. Nótese que sobre dicha acción hay poco que teorizar e, incluso, la pregunta acerca de cómo se aprende sea, quizás, una verdadera pérdida de tiempo.

En el caso de un aprendizaje no lineal, el cual reconstruye el trío inteligencia-actitudes-competencias, la interrogación merece la pena, en especial, porque se trata de un proceso idiosincrático y autopoyético, de una decisión del mismo aprendiz dentro del colectivo aula. Aprender es su reto. Pero para adelantar ese compromiso, necesita construir el concepto de *aprendibilidad* del saber objeto de su aprendizaje, en el seno de los otros y con los otros.

Tal construcción procede a partir de sus primeras lecturas, de las informaciones que son suministradas a la persona y, por tanto, de la interpretación inicial que ella hace. Decide así cómo involucrarse y hasta dónde; en otras palabras, determina cómo debe aprender, qué requiere para ese aprendizaje y hasta dónde debe aprender. La aprendibilidad la inicia por su voluntad de apropiarse de ese saber, convirtiéndolo en su objeto de deseo. De esta manera, rompe cualquier relación de externalidad y, por tanto, deja de ser para él un paquete o un producto para usar en el momento oportuno.

Los alumnos construyen, sistemáticamente, la aprendibilidad del saber objeto de aprendizaje futuro a partir de sus estructuras de significados, de significación y de actuar cognoscitivo. Tal intento de construcción se halla mediado por la construcción previa de actitudes positivas hacia el saber. Agréguese que la aprendibilidad se complejiza en la medida en que los alumnos disponen, para tal efecto, de diferentes textos y fuentes de información, incluida la versión que sobre dicho saber ha elaborado el profesor bajo el supuesto de que no se halla comprometido con el paradigma transmisionista-repeticionista. Toda aprendibilidad es la construcción de una interpretación, de una visión, por parte de los estudiantes.

La aprendibilidad inicial es transformada por el proceso consiguiente de aprender, según esa aprendibilidad ha decidido cómo, hasta dónde y de qué manera hacerlo. Dado que esa primera interpretación afecta las estructuras conceptuales, metodológicas, estéticas, actitudinales y axiológicas del aprendiz, el volver sobre el objeto de aprendizaje (que comienza a ser suyo) es regresar, de otra manera, sobre dicho objeto que, por este hecho, ha dejado de ser el mismo. La aprendibilidad registra una transformación y, en consecuencia, el proceso de aprendizaje experimenta rectificaciones. Nadie aprende lo mismo siempre de la misma manera, debido a que el objeto deja de ser el mismo y quien aprende se va transformando.

Las aprendibilidades y los procesos de aprendizaje son a su vez transformados por las interacciones comunicativas y cognoscitivas que posibilitan las aulas no lineales; algo con lo cual se reafirma aquello de que esas aulas se transforman en organizaciones creativas y, en consecuencia, el colectivo aula es inteligente. Subráyese, de nuevo, que durante el proceso las aprendibilidades y los aprendizajes, vistos desde esta perspectiva, se reconstruyen y construyen siguiendo sus propias dinámicas y tiempos; dinámicas y tiempos inherentes a la actividad cognoscitiva que se pone en juego.

La actividad cognoscitiva es cambiante; atraviesa, en su propio proceso, los diferentes puntos de multifurcación que ella crea, y en cada uno de estos genera las opciones que el aprendiz toma; los puntos de multifurcación se constituyen en un reto para reconstruir y construir otra inteligencia, otras actitudes y otras competencias, las cuales integran una totalidad holística, de la que se desprende la necesaria reconstrucción y construcción de otras habilidades y otras destrezas.

De la enseñanza

Puesto que no se pueden enseñar la inteligencia, las actitudes y las competencias, pero si transmitir información, la enseñanza debería ser pensada en términos de la construcción de ambientes pedagógicos y didácticos que posibiliten unas experiencias para tales construcciones y reconstrucciones.

Sin embargo, ¿cómo es factible delinear una enseñanza en el interior de un proyecto curricular centrado en las competencias, sobre todo cuando existe el interrogante acerca de cómo hacer competente, apto e inteligente al otro? En otras palabras, hasta dónde se puede afirmar que la inteligencia, las actitudes y las competencias son enseñables. Aquí sólo cabría la posibilidad de que el enseñar no sea otra cosa que dar oportunidad para que cada alumno llegue a ser lo que él, desde sí, quiere ser, en relación con los otros para viabilizar la pertenencia a la que aspira.

Es decir se trata de una enseñanza inscrita en una sociedad abierta donde aprenderse las preguntas y las respuestas a los mismos problemas no es la forma más adecuada para hacerse competente en la competitividad, en razón de que lo que se intenta crear son otras preguntas, las cuales conllevan respuestas diferentes. En este sentido, lo que ya se sabe brinda las condiciones iniciales que abren las posibilidades a los puntos de multifurcación, los cuales hacen diferente a la enseñanza y, por tanto, le permiten competir desde la propuesta de las innovaciones.

Qué enseñar, cómo enseñar y para quién se ha de enseñar, son interrogantes que, por fuera del transmisionismo, apropiado para las aulas e instituciones educativas que funcionan dentro de la óptica de la linealidad, exigen de los profesores la construcción del concepto de enseñabilidad del saber objeto de enseñanza; todo porque no se trata de la transmisión adecuada de una información.

Tal enseñabilidad se construye a partir de la estructura de la disciplina del saber en cuestión, propuesta y admitida por la respectiva comunidad de especialistas, a la cual se supone pertenece el profesor; estructura que es objeto permanente de interpretación, por el compromiso que se ha dado a sí mismo ese maestro de estudiar y reflexionar en torno al saber que enseña. Ese compromiso produce en él autoaprendizajes, los cuales transforman las estructuras conceptuales, metodológicas, estéticas, actitudinales y axiológicas, propias de su profesionalidad.

La construcción de la enseñabilidad no depende exclusivamente de la naturaleza de la estructura disciplinar del saber objeto de enseñanza; por lo que no basta con dominar el saber ser profesor del mismo. En esa construcción, inciden, de igual modo, los compromisos epistemológicos del docente y sus concepciones sobre lo pedagógico y lo didáctico de dicho saber. En el mismo orden de ideas, las lógicas posibles de su enseñanza y de su aprendizaje están mediadas por la lógica de las intencionalidades curriculares. Se trata de una elaboración compleja. En todo caso y dentro de lo que aquí se sostiene, nadie puede enseñar un saber determinado si antes no ha construido la enseñabilidad del mismo; enseñabilidad desde la cual se estipula cómo, para qué, hasta dónde y en qué profundidad enseñarlo. La enseñanza, como cabe esperar, modifica la enseñabilidad.

De acuerdo con lo anterior, cada vez que el profesor vuelve de otra manera a la misma estructura disciplinar, esta ya no es la misma para él. Lo cual significa que la enseñabilidad se convierte en objeto de reconstrucciones y nuevas construcciones para él. De ahí que su enseñanza no pueda seguir siempre los mismos algoritmos y deje de ser una actuación mecánica, propia de un operario que labora dentro de una institución educativa regida por los principios taylorianos y fordistas.

Dentro de esta perspectiva, la inteligencia, las actitudes y las competencias que lo caracterizan como pedagogo y *didacta* de dicho saber son objeto de reconstrucciones y nuevas construcciones. Aquí surge un problema: al docente no comprometido con la transformación de su trío inteligencia-actitudes-competencias le resulta éticamente cuestionable que le exija algo análogo a sus alumnos. No pertenece ni puede ser parte de una institución educativa inteligente.

Siguiendo estas ideas, cabe preguntar cómo la relación enseñabilidad-enseñanza interactúa con la aprendibilidad-aprendizaje; dónde y cómo se encuentran ambas interacciones; de qué manera no lineal se retroalimentan ambos procesos. Las respuestas exigen una mirada desde la teoría de la complejidad, sobre todo si todos los integrantes del colectivo-aula se hallan aprendiendo. Si la interacción aprendibilidad-aprendizaje genera transformaciones o reestructuraciones, ellas inciden en los procesos análogos de las interacciones enseñabilidad-enseñanza. Los estudiantes y los profesores aprenden; son inteligentes.

Dentro de este contexto teórico, el problema de la enseñanza ha de reconceptualizarse en términos de construir ámbitos pedagógicos y didácticos, con miras a posibilitar, a profesores y alumnos, oportunidades de experiencias de aprendizaje, según los términos aquí planteados. De lo se trata es de aprender a leer y a escribir y de contrastar, con rigor, las interpretaciones elaboradas en cada etapa del proceso, con miras a crear, en la actividad cognoscitiva de cada uno de ellos, puntos de multifurcación.

Tal exigencia origina la necesidad de formar nuevos educadores y proyectos curriculares novedosos, en los que los pedagogos y *didactas* no puedan seguir siendo asimilados a la triste condición de operarios, tal como lo estableció el esquema taylorista y fordiano, el cual estuvo dirigido y apuntalado por los estudios de la sociología y la psicología de la educación, disciplinas que reclamaron, desde tales posiciones, ser las ciencias de lo educativo, hasta el punto de que eliminaron la posibilidad de pensar en que podrían existir problemas pedagógicos y didácticos que no fueran ni sociológicos ni psicológicos.

Cómo trabajar las competencias en el aula

Dentro de la tradición de formar educadores como meros operarios del currículo, negándoles la posibilidad de ser intelectuales de su propia profesión (la negación de la profesionalidad), es factible esperar que ellos soliciten cursos operativos sobre cómo formular competencias, de qué manera trabajarlas con sus educandos y, además, qué tipo de instrucciones les sirven para evaluarlas. Si esto sigue así, continuarán siendo operarios, y al igual que pasaron, sin el análisis teórico correspondiente, de los objetivos a los logros, llegaron a las competencias del mismo modo.

Cuando los educadores abandonen la condición de operarios y decidan ser los constructores de las teorías que estructuran su quehacer pedagógico y didáctico, entonces comunitariamente se ocuparán de construir, en relación con sus entornos, una teoría acerca de las competencias, a partir de la cual optarán por una actitud racional de negociación con el Ministerio de Educación y con todos aquellos que estudian y capacitan en torno a la formulación de competencias.

Para trabajar un currículo vertebrado por la construcción y reconstrucción de competencias, la institución educativa debe convertirse en un verdadero colectivo de pedagogos y *didactas*, en plan de ser maestros (*ma-struere*; *struere*, construir); además debe ser una organización académica abierta a su entorno pluri y multiorganizacional. En este orden de ideas, debe hacer que los alumnos se transformen en verdaderos estudiantes, miembros de ese colectivo.

Además, en ese currículo, entendido como proyecto de investigación, han de formularse un mínimo número de competencias (tres parece ser el número ideal). En su formulación deben participar los estudiantes, con el fin de que ganen conciencia acerca del proceso al que se vinculan, y lo hagan responsable y activamente. Los indicadores, a su vez, no deben pasar de tres para cada competencia y, también, han de ser tres los aspectos a evaluar para cada indicador. Tal evaluación ha de proceder por criterios, y no por normatividad, desempeñando la autoevaluación un rol definitivo e imprescindible. Se trata, en este caso, de recolectar información para emitir un juicio sobre ese proceso de construcción y reconstrucción de competencias, por parte de los estudiantes y, con él, poder afirmar si el currículo, en su totalidad, está produciendo lo que se persigue. De esto ha de encargarse un equipo.

El trabajo con competencias implica, indispensablemente, cambios radicales en las formas de asumir la docencia, en especial, el abandono en definitivo del transmisionismo-repeticionista tradicional y la relación profesor-alumno centrada en la oralidad. Por otro lado, ese trabajo debe elevar, de manera considerable las labores prácticas-instrumentales: los laboratorios, los talleres de tecnología, las salidas de campo, la revisión de archivos, las entrevistas a personajes... El aula y la institución educativa han de ser transformadas de organizaciones puramente lineales a no lineales. La producción escrita de maestros y estudiantes cobra aquí un papel preponderante, así como también el diseño y la prueba de prototipos.

El reto queda abierto. Es necesario seguir investigando para delimitar mejor aquello que se va a entender, rigurosamente por competencias. Se ha introducido dicho concepto en el horizonte de las intencionalidades curriculares, por lo que es necesario transformarlo en términos de una categoría pedagógica y didáctica, un trabajo intelectual en el que las comunidades académicas de educadores han de hacer sus mejores aportes. El presente texto sólo abre la discusión

Bibliografía

ALLEN, P. M.; ENGELEN, G. y SONGER, M. *El tiempo el devenir.* Barcelona: Editorial GEDISA, 1996.

AUSUBEL, D.; NOVAK, J.D. y HANESIAN, H. *Psicología educativa. Un punto de vista cognoscitivo.* México: Editorial Trillas, 1983.

BACON, F. *Novum Organom.* México: Editorial Porrúa, 1979.

BERGER, P. y LUCKMANN, T. *La construcción social de la realidad.* Buenos Aires: Amorrortu Editores, 1993.

BRIGGS, J. y PEAT, F.D. *Espejo y reflejo: Guía ilustrada de la teoría del caos y de la ciencia de la totalidad.* Barcelona: Editorial GEDISA, 1992.

BROOKLING, A. *El capital intelectual.* Buenos Aires: Ediciones Paidos Ibérica S.A. 1997.

BRUNNER, J. *Actos de significado. Más allá de la revolución cognitiva.* Barcelona: Editorial Paidos, 1991.

CHOMSKY, N. *Aspects of theory of syntax.* Cambridge, Mass: MIT Press, 1965.

__________. *Reflexiones sobre el lenguaje.* Barcelona: Planeta, 1985.

DI TROCCHIO, F. *Las mentiras de la ciencia. Por qué y cómo engañan los científicos.* Madrid: Alianza Editorial, 1995.

EYSENCK, H. J. *Raza, inteligencia y educación.* Barcelona: Ediciones Orbis, 1986.

ENGLISH, F.W. y HILL, J.C. *Calidad total en la educación.* México: EDAMEX, 1995.

FURIO, C. y VILCHES, A. "La dimensión afectiva del aprendizaje de las ciencias y relaciones ciencia, tecnología y sociedad". En: *Formación inicial de profesores de secundaria.* Girona: Universidad de Girona, 1997.

FURIO MÁS, C. "Las concepciones alternativas del alumnado en ciencias: Dos décadas de investigación. Resultados y tendencias". *Alambique. Didáctica de las Ciencias Experimentales*, No.7, 7-17.

GAGNÉ, R.M. *Las condiciones del aprendizaje.* Madrid, Editorial Aguilar, 1971.

GALLEGO BADILLO, R. *Discurso constructivista sobre las tecnologías.* Santafé de Bogotá: Cooperativa Editorial Magisterio, 1996.

GALLEGO BADILLO, R. y PÉREZ MIRANDA, R. *Representaciones y conceptos científicos. Un programa de investigación.* Santafé de Bogotá: Universidad Pedagógica Nacional, Departamento de Química, 1994.

__________, __________. *Aprendibilidad-enseñabilidad-educabilidad: Una discusión.* Santafé de Bogotá: Universidad Pedagógica Nacional, Vicerrectoría Académica, Facultad de Ciencia y Tecnología (Revista Colombiana de Educación, en prensa), 1999.

GARDNER, H. *Inteligencias múltiples.* Buenos Aires, Paidos, 1998a.

GARDNER, H. *Estructuras de la mente. La teoría de las inteligencias múltiples.* Santafé de Bogotá: Fondo de Cultura Económica, 1998b.

________. *La nueva ciencia de la mente.* Buenos Aires: Ediciones Paidos América, 1996.

GAULD, C. F. y HUKINS, A. "Scientific attitudes: A review studies". *Science Education,* 7, 129-161, 1980.

GREENSPAN, S.I. y BENDERLY, B.L. *El crecimiento de la mente y los ambiguos orígenes de la inteligencia.* Buenos Aires: Ediciones Paidos Ibérica, 1997.

GUTZWILLER, M.C. "El caos cuántico". *Investigación y ciencia,* no.186, 14-20, 1992.

HAYLES, N.K. *La evolución del caos.* Barcelona: Editorial GEDISA, 1993.

HOLGADO, J. "Conceptos básicos de lógica borrosa". Revista *Española de Electrónica,* no.482, 20-26, 1995.

KAUFMANN, M. "Perfil del comunicador del futuro: generalista vs. especialista". En: *Comunicación y formación: Hacia nuevos perfiles.* Lima, Fundación Konrad Adenauer, 1995.

KELLY, A. "The development in girls and boys of attitude to science: A longitudinal Study". *European Jour. Sci. Education,* Vol. 8, no.4, 399-412, 1986.

KUHN, T.S. *La estructura de las revoluciones científicas.* México: Fondo de Cultura Económica, 1972.

LAKATOS, I. *La metodología de los programas de investigación científica.* Madrid: Alianza Editorial, 1983.

LEWIN, R. *Complejidad. El caos como generador del orden.* Barcelona: Tusquets Editores, 1995.

LIND, G. "The structure of interest in physic". *Europ. Jour. Science Education,* 4(3), 275-283, 1982.

MORIN, E. *El método. La naturaleza de la naturaleza.* Madrid: Editorial Cátedra, 1986.

NICOLIS, G. "Estructuras disipativas, bifurcaciones y fluctuaciones: hacia una dinámica de los sistemas complejos". En: *El tiempo y el devenir.* Barcelona: Editorial GEDISA, 1996.

PÉREZ MIRANDA, R. y GALLEGO BADILLO, R. *Corrientes constructivistas.* Santafé de Bogotá: Cooperativa Editorial Magisterio, 1994.

PIAGET, J. *El mecanismo del desarrollo mental.* Madrid: Editora Nacional, 1979.

__________. *Teorías del lenguaje, teorías del aprendizaje. El debate entre Jean Piaget y Noam Chomsky.* Organizado y recopilado por Massimo Piattelli-Palmarini. Barcelona: Editorial Crítica, 1983.

__________. *Seis estudios de psicología.* Barcelona: Editorial Planeta-De Agustini, 1985.

PIATTELLINI-PALMARINI, M. *Teorías del lenguaje, teorías del aprendizaje. El debate entre Jean Piaget y Noam Chomsky.* Barcelona: Editorial Crítica, 1983.

POPPER, K. *La lógica de la investigación científica.* Madrid: Ediciones Tecnos, 1962.

PRIGOGINE, I. "¿Un siglo de esperanza?" En: *El tiempo y la eternidad.* Barcelona: Editorial GEDISA, 1996.

__________. *"¿Un siglo de esperanza?"* En: *El tiempo y el devenir.* Barcelona: Editorial GEDISA, 1996.

PRIGOGINE, I. y STENGERS, I. *La nueva alianza. Metamorfosis de la ciencia.* Madrid: Alianza Editorial, 1990.

SCHIBECCI, R.A. "Acttitude to science: an update". *Estudies Science Education*, 11, 26-59, 1984.

SHEPHERD, G. M. *Neurobiología*. Barcelona: Editorial Labor, 1985.

SHRIGLEY, R.L. "The attitude concept and science teaching". *Science Education*, 67(4), 425-442, 1983.

SHRIGLEY, R.L.; KOBALLA, T.R. y SIMPSON, R.D. "Defining attitude for science education". *Jor of Research in Science Teaching*, Vol. 25, no.8, 659-678, 1988.

SMITH, C. U.M. *El cerebro*. Madrid: Alianza Editorial, 1985.

TOULMIN, S. *La comprensión humana*. Vol.1. *El uso colectivo y la evolución de los conceptos*. Madrid: Alianza Editorial, 1972.

VARELA, F. *Conocer*. Barcelona: Editorial GEDISA, 1990.

ZEIDLER, D.L. y LEDERMAN, N. G. "The effect of teachers language on students conception of the nature of science". *Jor of Research in Science Teaching*, Vol. 26, no.9, 771-783, 1989.

EDUCACIÓN EN TECNOLOGÍA
Un reto y una exigencia social
Ángel Alonso Soto S.

EDUCACIÓN PREESCOLAR
Historia, legislación, currículo
y realidad socioeconómica
Hugo Cerda Gutiérrez

EDUCACIÓN SEXUAL PARA ADOLESCENTES
Alfredo Ayarza Bastidas

EL APRENDIZAJE DE LA PAZ
Métodos y técnicas para su construcción desde
procesos pedagógicos
Álvaro Rendón Merino

EL JUEGO. NUEVAS MIRADAS DESDE LA
NEUROPEDAGOGÍA
Carlos Alberto Jiménez

EL JUEGO. PROCESOS DE DESARROLLO Y
SOCIALIZACIÓN
Contribución de la Psicología
Rosa Mercedes Reyes N.

EL MAESTRO PROTAGONISTA DEL
CAMBIO EDUCATIVO
Antonio Luis Cárdenas Colmenter,
Abel Rodríguez, Rosa María Torres

El MANUAL DEL DOCENTE
Estrategias e ideas creativas que le
facilitarán la labor educativa.
Ana Isabel Echeverri

EL MANUAL DE CONVIVENCIA
Elementos para su elaboración
Francisco Valencia

EL TALLER EDUCATIVO
Qué es, fundamentos, cómo organizarlo y
dirigirlo, cómo evaluarlo.
Arnobio Maya Betancourt

ESTÁNDARES DE CALIDAD PARA PRUEBAS
OBJETIVAS
Agustín Tristán López
Rafael Vidal Uribe

ESTÁNDARES EDUCATIVOS, EVALUACIÓN
Y CALIDAD DE LA EDUCACIÓN
–Compilación–

ESTILOS DE APRENDIZAJE A LA LUZ DE LA
NEUROCIENCIA
Raúl Ernesto Salas Silva

FAMILIA Y VALORES
—MÓDULO 1—
Escuela de padres
Construyendo lo nuestro
Mariela del C. Suárez Higuera o.p.

FAMILIA Y VALORES
—MÓDULO 2—
Escuela de padres
Un proyecto de vida común
Mariela del C. Suárez Higuera o.p.

FAMILIA Y VALORES
—MÓDULO 3—
Escuela de padres
La hora del encuentro
Mariela del C. Suárez Higuera o.p.

FAMILIA Y VALORES
—MÓDULO 4—
Escuela de padres
Papitos, podemos preguntar
Mariela del C. Suárez Higuera o.p.

FIESTA Y NACIÓN EN COLOMBIA
Autor-compilador:
Marcos González Pérez

FIESTA Y REGIÓN EN COLOMBIA
Autor-compilador:
Marcos González Pérez

HERMENÉUTICA DE LA LÚDICA
y pedagogía de la modificabilidad simbólica
Héctor Ángel Díaz Mejía

HOMBRES Y MUJERES EN LAS LETRAS
COLOMBIANAS
Héctor Ardila - Inés Vizcaíno G.

INTEGRACIÓN ESCOLAR PARA POBLACIÓN
CON NECESIDADES ESPECIALES
Jorge Iván Correa Alzate

INTELIGENCIA LÚDICA.
Juego y Neuropedagogía en tiempos de
transformación
Carlos Alberto Jimenez

INVESTIGACIÓN INTERDISCIPLINARIA
Urdimbres y tramas
Compiladores: Marcos González Pérez
José Eduardo Rueda

JÓVENES CONSTRUYENDO SU PROYECTO
DE VIDA
Inés Pardo Barrios

LA COLABORACIÓN EN EL AULA. MÁS QUE
UNO MÁS UNO
Elsa Piedad Cabrera Murcia

LA CREATIVIDAD EN LA CIENCIA Y
EN LA EDUCACIÓN
Hugo Cerda Gutiérrez

LA PREGUNTA EN LA VIDA DE LOS NIÑOS.
Un aporte al desarrollo de la competencia
comunicativa. Campo Elías Burgos y Mercedes
Delgadillo

LA SOLUCIÓN DE CONFLICTOS
EN LA ESCUELA
Una guía práctica para maestros
Salm Randall

LA TERTULIA FAMILIAR
Elemento de comunicación e
 integración entre sus miembros
- Talleres para padres-
Blanca Isabel Triana de Riveros,
María Victoria Salcedo de S.

LAS CIENCIAS SOCIALES A
TRAVÉS DEL CINE
Wilson Acosta

LENGUAJES VERBALES Y NO VERBALES.
Héctor Pérez Grajales

LOS MEDIOS AUDIOVISUALES
EN EN EL AULA
Víctor Miguel Niño Rojas
Héctor Pérez Grajales

LUDOTERAPIAS
Terapias alternativas desde la
Neuropedagogía y la lúdica para trastornos
del comportamiento, del desarrollo y del
aprendizaje.
Carlos Alberto Jiménez V.

MAPAS CONCEPTUALES, MAPAS
MENTALES Y OTRAS FORMAS DE
REPRESENTACIÓN DEL CONOCIMIENTO
Agustín Campos Arenas

MODELO DIALOGAL
Propuesta pedagógica en Ciencias Sociales
Miguel Ángel Pérez Ordóñez

NEUROPEDAGOGÍA, LÚDICA Y
COMPETENCIAS.
Carlos Alberto Jiménez

NUEVAS TENDENCIAS DE LA
COMPOSICIÓN ESCRITA
Héctor Pérez Grajales

ORIENTACIONES PEDAGÓGICAS
CONTEMPORÁNEAS
Orlando Valera Alfonso

PEDAGOGÍA DE LA ESCRITURA
CREADORA
Mininicuento, diario,
imagen poética, haikú
Javier Jaramillo Franco
Esperanza Manjarrés

PEDAGOGÍA DE LA
PARTICIPACIÓN CIUDADANA
El derecho a elegir y ser elegido.
Nelson A. Romero R.

PENSAMIENTO CRÍTICO
Técnicas para su desarrollo
Agustín Campos Arenas

PENSAMIENTO LATERAL Y APRENDIZAJES
Mapa cognitivo para comprender y proceder con éxito en el estudio, la familia, el trabajo y la vida cotidiana
Julio César Arboleda Aparicio

PROCESOS CREATIVOS PARA LA CONSTRUCCIÓN DE TEXTOS
Interpretación y composición
Matilde Frías Navarro

PRODUCCIÓN DE TEXTOS EDUCATIVOS
María Consuelo Restrepo Mesa

PSICOPEDAGOGÍA PARA UNA ECOLOGÍA DE LA MENTE
Gonzalo Arcila Ramírez

PSICOLOGÍA SOCIAL Y NUEVO LÍDER
Guillermo Rojas Trujillo

RENDIMIENTO ACADÉMICO
Técnicas para estudiar mejor
Elizabeth Borda A., Beatriz Pinzón

TEORÍA Y PRÁCTICA DE UN TALLER DE POESÍA
La experiencia de La Fragua
Rubén Darío Sierra Montoya

TEATRO POPULAR Y CALLEJERO COLOMBIANO
Fernando González Cajiao
Compilador

9 789582 005146